"十二五"国家重点图书出版规划项目

经济系列

电力史话

A Brief History of Power

中国电力企业联合会 编著

社会科学文献出版社
SOCIAL SCIENCES ACADEMIC PRESS (CHINA)

《中国史话》编辑委员会

总　序

　　中国是一个有着悠久文化历史的古老国度，从传说中的三皇五帝到中华人民共和国的建立，生活在这片土地上的人们从来都没有停止过探寻、创造的脚步。长沙马王堆出土的轻若烟雾、薄如蝉翼的素纱衣向世人昭示着古人在丝绸纺织、制作方面所达到的高度；敦煌莫高窟近五百个洞窟中的两千多尊彩塑雕像和大量的彩绘壁画又向世人显示了古人在雕塑和绘画方面所取得的成绩；还有青铜器、唐三彩、园林建筑、宫殿建筑，以及书法、诗歌、茶道、中医等物质与非物质文化遗产，它们无不向世人展示了中华五千年文化的灿烂与辉煌，展示了中国这一古老国度的魅力与绚烂。这是一份宝贵的遗产，值得我们每一位炎黄子孙珍视。

　　历史不会永远眷顾任何一个民族或一个国家，当世界进入近代之时，曾经一千多年雄踞世界发展高峰的古老中国，从巅峰跌落。1840 年鸦片战争的炮声打破了清帝国"天朝上国"的迷梦，从此中国沦为被列强宰割的羔羊。一个个不平等条约的签订，不仅使中国大量的白银外流，更使中国的领土一步步被列强侵占，国库亏空，民不聊生。东方古国曾经拥有的辉煌，也随着西方列强坚船利炮的轰击而烟消云散，中国一步步堕入了半殖民地的深渊。不甘屈服的中国人民也由此开始了救国救民、富国图强的抗争之路。从洋务运动到维新变法，从太平天国到辛亥革命，从五四运动到中国共产党领导的新民主主义革命，中国人民屡败屡战，终于认识到了"只有社会主义才能救中国，只有社会主义才能发展中国"这一道理。中国共产党领导中国人民推倒三座大山，建立了新中国，从此饱受屈辱与蹂躏的中国人民站起来了。古老的中国焕发出新的生机与活力，摆脱了任人宰割与欺侮的历史，屹立于世界民族之林。每一位中华儿女应当了解中华民族数千年的文明史，也应当牢记鸦片战争以来一百多年民族屈辱的历史。

当我们步入全球化大潮的21世纪，信息技术革命迅猛发展，地区之间的交流壁垒被互联网之类的新兴交流工具所打破，世界的多元性展示在世人面前。世界上任何一个区域都不可避免地存在着两种以上文化的交汇与碰撞，但不可否认的是，近些年来，随着市场经济的大潮，西方文化扑面而来，有些人唯西方为时尚，把民族的传统丢在一边。大批年轻人甚至比西方人还热衷于圣诞节、情人节与洋快餐，对我国各民族的重大节日以及中国历史的基本知识却茫然无知，这是中华民族实现复兴大业中的重大忧患。

中国之所以为中国，中华民族之所以历数千年而不分离，根基就在于五千年来一脉相传的中华文明。如果丢弃了千百年来一脉相承的文化，任凭外来文化随意浸染，很难设想13亿中国人到哪里去寻找民族向心力和凝聚力。在推进社会主义现代化、实现民族复兴的伟大事业中，大力弘扬优秀的中华民族文化和民族精神，弘扬中华文化的爱国主义传统和民族自尊意识，在建设中国特色社会主义的进程中，构建具有中国特色的文化价值体系，光大中华民族的优秀传统文化是一件任重而道远的事业。

当前，我国进入了经济体制深刻变革、社会结构深刻变动、利益格局深刻调整、思想观念深刻变化的新的历史时期。面对新的历史任务和来自各方的新挑战，全党和全国人民都需要学习和把握社会主义核心价值体系，进一步形成全社会共同的理想信念和道德规范，打牢全党全国各族人民团结奋斗的思想道德基础，形成全民族奋发向上的精神力量，这是我们建设社会主义和谐社会的思想保证。中国社会科学院作为国家社会科学研究的机构，有责任为此作出贡献。我们在编写出版《中华文明史话》与《百年中国史话》的基础上，组织院内外各研究领域的专家，融合近年来的最新研究，编辑出版大型历史知识系列丛书——《中国史话》，其目的就在于为广大人民群众尤其是青少年提供一套较为完整、准确地介绍中国历史和传统文化的普及类系列丛书，从而使生活在信息时代的人们尤其是青少年能够了解自己祖先的历史，在东西南北文化的交流中由知己到知彼，善于取人之长补己之短，在中国与世界各国愈来愈深的文化交融中，保持自己的本色与特色，将中华民族自强不息、厚德载物的精神永远发扬下去。

《中国史话》系列丛书首批计200种，每种10万字左右，主要从政治、经济、文化、军事、哲学、艺术、科技、饮食、服饰、交通、建筑等各个方面介绍了从古至今数千年来中华文明发展和变迁的历史。这些历史不仅展现了中华五千年文化的辉煌，展现了先民的智慧与创造精神，而且展现了中国人民的不屈与抗争精神。我们衷心地希望这套普及历史知识的丛书对广大人民群众进一步了解中华民族的优秀文化传统，增强民族自尊心和自豪感发挥应有的作用，鼓舞广大人民群众特别是新一代的劳动者和建设者在建设中国特色社会主义的道路上不断阔步前进，为我们祖国美好的未来贡献更大的力量。

陈奎元

2011 年 4 月

出版说明

自古至今，始终坚持不懈地从漫长的文明进程中不断总结历史经验教训，从中汲取有益营养，从而培植广阔的历史视野，并具有浓厚的历史意识，这是我们中国文化独有的鲜明特征，中华民族亦因此而以悠久的"重史"传统著称于世。在整个人类文明史上独一无二、系统完备的"二十四史"即证明了这一点。

中华人民共和国成立后，历史知识普及工作被放到十分重要的位置。20世纪五六十年代，著名历史学家吴晗主持编写的《中国历史小丛书》，90年代中国社会科学院院长胡绳组织编写的《中华文明史话》和《百年中国史话》，成为"大家小书"的典范，而后两套历史知识普及丛书正是《中国史话》之缘起。

2010年年初，为切实贯彻中央关于"做好历史知识普及工作"的指示精神，同时也为了更好地弘扬中国传统文化，我们对《中华文明史话》和《百年中国史话》

两套丛书的内容进行了修订和增补，重新设计框架，以"中国史话"为丛书名出版。第十一届全国政协副主席、时任中国社会科学院院长陈奎元亲任《中国史话》一期编委会主任，时任中国社会科学院副院长武寅任编委会副主任。正是有了各级领导的关心支持和诸多学术名家的积极参与，《中国史话》一期200种图书得以顺利出版，并广受好评。

《中国史话》丛书的诞生，为历史知识普及传播途径的发展成熟，提供了一种卓具新意的形式。这种形式具有以通俗表述、适中篇幅和专题形式展现可靠历史知识的特征。通俗、可靠、适中、专题，是史话作品缺一不可的要素，也是区别于其他所有研究专著、稗官野史、小说演义类历史读物的独有特征。

囿于当时条件，《中国史话》一期的出版形式不尽如人意，其内容更有可以拓展的广阔空间，为此2013年4月我们启动了《中国史话》二期出版工作。《中国史话》二期分为经济、政治、文化、社会和生态五大系列，拟对中国各区域、各行业、各民族等的发展历史予以全方位介绍。我们并将在适当时机，启动《世界史话》的出版工作。史话总规模将达数千种。

我们愿携手海内外专家学者，将《中国史话》《世界史话》打造成以现代意识展现全部人类历史和人类文明，集学术性、知识性、趣味性于一体的"万有文库";并将承载如此丰厚内容的史话体写作与出版努力锻造成新时期独具特色的出版形态。

希望史话丛书能在形塑民族历史记忆、汲取人类文明精华、培育现代国民方面有所贡献，并为广大读者所喜爱。

史话编辑部

2014 年 6 月

目 录
Contents

序 ………………………………………………………………… 1

足 迹 …………………………………………………………… 1

一 蹒跚起步（1879～1911） ………………………… 33

  1. 星星之火——中华大地亮起第一盏电灯 ………… 34

  2. 孕育电光——上海成为中国电力发源地 ………… 35

  3. 皇宫亮灯——电力走进紫禁城 …………………… 38

  4. 有轨电车——电力驱动新交通 …………………… 41

  5. 星光散布——全国各地纷纷办电 ………………… 43

二 坎坷前行（1912～1949） ………………………… 50

  1. 兴办实业——民族电力工业起步 ………………… 52

2. 发电鼻祖——百年老厂"石龙坝""杨树浦" ……… 55

3. 农电先驱——戚墅堰电厂开电力灌溉先河 ……… 61

4. 平津联网——开启远距离送电时代 ……………… 62

5. 统一标准——电气工业发展规范化 ……………… 63

6. 红色电力——革命根据地的电力建设 …………… 64

7. 电动升旗——天安门前第一面五星红旗的升起 …… 65

三 艰苦创业（1950～1978） ……………………… 68

1. 冲锋号起——"一五"期间电力一路高歌 ……… 71

2. 曲折前行——电力"大跃进"与调整 …………… 75

3. 蹉跎岁月——"文革"期间的电力工业 ………… 78

4. 列车电站——哪里需要就到哪里 ………………… 81

5. 水电往事——水资源普查与"三门峡"

　　　　"刘家峡""新安江" ………………………… 83

6. 自力更生——国产火电机组发展的历程 ………… 90

7. 浴火重生——唐山大地震后的陡河发电厂 ……… 93

四 改革发展（1979～2002） ……………………… 96

1. 集资办电——"两分钱"彰显大智慧 …………… 97

2. 利用外资——电力建设进入快车道 ……………… 100

3. 高峡平湖——从葛洲坝到三峡工程 ……………… 103

4. 核电双星——秦山和大亚湾核电站 ……………… 111

5. 西藏明珠——海拔最高的抽水蓄能电站 ………… 115

6. 网联神州——超高压电网联通全国 ……………… 118

7. 城乡同价——农村电网改造惠及农民生活 ……… 123

五 创新跨越（2003~2014） 126

 1. 高效清洁——火电环保领先世界 128

 2. 绿色和谐——梯级开发成就水电第一大国 137

 3. 创新升级——核电技术世界先进 142

 4. 风光无限——风能、太阳能发电飞速发展 145

 5. 跨区输电——电力优化能源资源配置 160

 6. 告别孤网——电力点亮世界屋脊 165

 7. 技术高峰——特高压输电领先世界 168

六 电力改变生活 173

 1. 户户通电——让每个家庭都用上电 174

 2. 温馨服务——"95598，亲情服务每一家" 178

 3. 抗灾保电——电力人冲锋在前 180

 4. 美好明天——智能电网让生活更美好 186

七 电力发展大事记（1879~2014） 193

后 记 219

序

　　电力是现代文明的基础。电的广泛应用开辟了人类利用能源的新时代——电气化时代。当今，电已成为人们日常生活中无处不在的"伴侣"，犹如空气，几乎忘记了它的存在，但又难以离开。电的使用，在人们轻轻拨动开关甚至通过声音、光影、无线遥控等方式拨动开关的那一瞬间，就开始了。但支撑它的是开关后面无比庞大而精密的电力系统和服务系统。面向未来，电力技术和电力服务将继续创新发展，电力一定会让生活更美好。

　　电力是社会进步的标尺。从 1879 年上海点燃第一盏电弧光灯、1882 年第一家电厂给外滩 15 盏路灯供电，中国电力已经走过了 135 年。最新的统计数据表明，到 2014 年底，中国大陆发电装机总容量达到 13.6 亿千瓦，人均拥有 1 千瓦装机容量的水平，圆了几代电力人孜孜以求的电力小康之梦。回望一百多年来中国电力发展的坎坷与艰辛、光荣与梦想，寻找形成中国坚强电力系统的文化基因，感悟电力在创造物质财富中形成的精神价值，成为《电力史话》的光荣使命。

温故方能知新。《电力史话》循着历史的脉络和先人的足迹一路走来：从清末电力蹒跚起步到民国电力坎坷前行，从天安门前第一面电动升起的五星红旗，到新中国电力人艰苦创业、改革创新，再到21世纪体制改革实现跨越式发展，展现出一幅幅中国电力发展的壮美画卷。《电力史话》撷取不同历史时期电力的标志性工程、事件与成果，为读者讲述电力的故事；选配的珍贵历史照片，像颗颗镶嵌在壮美画卷上的闪闪钻石，闪烁着电力之光；同时结合一些电力知识，尽可能帮助读者全面了解中国电力各个发展阶段的重点和特征，从而更好地认识电、使用电、关心电。

《电力史话》是"中国史话"丛书之一，它的出版发行将成为中国电力行业文化建设的一个重要事件，有助于人们快速、生动地了解中国电力的发展脉络、今天的辉煌和美好明天的憧憬，同时也为电的爱好者提供有价值的史料参考。

谨向为本书编撰出版付出努力的人员和机构致以真诚的感谢！

2015 年 5 月

足 迹

1 电力的起源

电力系统是由发电、输电、变电、配电和用电等环节组成的电能生产与消费系统。它的功能是将自然界的一次能源（煤炭、石油、天然气、太阳能、风能、生物质能、核能、地热能等）通过能量转换装置转化成二次能源——电能，再经输电、变电和配电将电能供应到各用户。

电能的利用是人类文明现代化的重要标志，关于电力的故事要从 17 世纪的西方开始讲起。

1600 年左右，英国医生吉尔伯特做了多年的实验，发现了"电力""电吸引"等许多现象，并最先使用了"电力""电吸引"等专业术语。在吉尔伯特之后的 200 年中，又有很多人做过多次试验，不断地积累对电现象的认识。1734 年，法国物理学家杜伐发现了同号电相互排斥、异号电相互吸引的

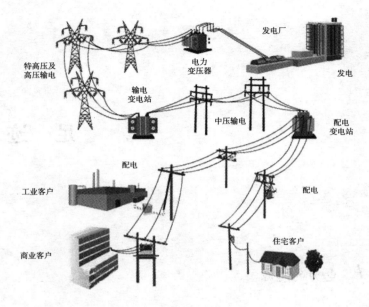

电力系统流程图

现象。1745 年，普鲁士的一位副主教克莱斯特在实验中发现了放电现象。

18 世纪中叶，美国大电学家富兰克林又做了多次实验，进一步揭示了电的性质，并提出了电流这一术语。富兰克林对电学的另一重大贡献，就是通过 1752 年著名的风筝实验，捕捉"天电"，证明天空中的闪电和地面上的电是一回事。他用金属丝把一个很大的风筝放到云层里去。金属丝的下端接了一段绳子，还挂了一串钥匙。当富兰克林一手拉住绳子，另一手轻轻触及钥匙时，他立即感到一阵猛烈的冲击，这种冲击其实就是电击。同时，他还看到手指和钥匙之间产生了小火花。这个实验表明：被雨水淋透了的风筝的金属线变成了导体，把空中闪电的电荷引到手指与钥匙之间。这在当时是一件轰动的大事。一年后，富兰克林制造出了世界上第一个避雷针。

富兰克林风筝试验版画

1780 年，意大利医生加法尼从动物组织对电流的反应，开始研究化学作用而不是静电产生的电流，他宣称动物组织能产生电。虽然他的理论被证明是错误的，但他的实验促进了对电学的研究。

1799 年，意大利物理学家伏特表明，加法尼的电流不是来源于动物，把任何潮湿物体放在两个不同金属之间都会产生电流。这一发现使伏特在 1800 年发明了世界上第一块电池。

与此同时，丹麦物理学家奥斯特发现了电流磁效应。此后，法国物理学家安培详细论证了电磁学定理，揭示了电磁现象的内在联系，将电磁学研究真正数学化，成为物理学中又一大理论体系——电动力学的基础，后人称安培为"电学中的牛顿"。

1821年，英国物理学家法拉第发明了世界上第一台电动机。它虽然装置简陋，却是现今世界上使用的所有电动机的祖先。这是一项重大的突破。只是它的实际用途还非常有限，因为当时除了用简陋的电池以外，别无其他方法发电。

1827年，德国科学家欧姆发表了他的著作《直流电路的数学研究》，明确了电路分析中电压、电流和电阻之间的关系，极大地影响了电流理论和应用的发展。这本书首次提出的电学定律，也因此被命名为欧姆定律。

1831年，英国物理学家法拉第发现当磁铁穿过一个闭合线路

欧姆

时，线路内就会有电流产生，这个效应叫电磁感应。这是法拉第最伟大的贡献。由此他发明了世界上第一台能产生连续电流的发电机。以后的发电机都是根据电磁感应原理制成的。

这一时期，电灯也逐步被发明。1809年，英国科学家戴维爵士用2000节电池构成的电池组，对彼此相距4英寸的两根碳棒通电，得到一明亮的

弧光，这是最早的电弧灯。1840 年，英国的格罗夫爵士制作了一盏白炽灯。他用有盖的玻璃杯盛上适量的水，里面放置铂丝，将玻璃杯倒置后通电，把铂丝加热至白炽而发光。随后，英国的莫林斯、赖特分别于 1841 年和 1845 年获得白炽灯和弧光灯的专利。但这些早期的电灯都因使用不便、寿命太短而难以推广。1876 年，俄国雅布洛奇科夫发明了电烛。这是一种弧光灯，它由两根平行放置的碳棒构成，碳棒之间隔以瓷土，当电弧点燃后瓷土汽化。这种灯因使用交流电而确保两根碳棒消耗速率相同，从而成为真正实用的电照明装置，曾被广泛用作街灯。1878 年 9 月，美国发明家爱迪生发明白炽碳丝灯。1879 年 10 月 21 日，爱迪生制成一盏使用碳化灯丝的

**1879 年 10 月 21 日，爱迪生点燃了世界上
第一盏有使用价值的白炽灯**

白炽灯，并稳定地点亮了两天，这成为电照明史上的一次重要事件。而钨丝灯直到 1907 年才出现。

1870 年以后，世界科学技术发展突飞猛进，各种新技术、新发明层出不穷，并被迅速应用于工业生产，人类历史上的第二次工业革命开始了。欧洲率先进入电力革命时代。最初，一台发电设备只供应一栋房子或一条街上的照明用电，人们称这种发电站为"住户式"电站。随着电力需求的增长，人们开始提出建立电力生产中心的设想。

1870 年，比利时发明家格拉姆研制出直流发电机，实现了直流电的照明应用。1875 年，法国巴黎北火车站建成了世界上第一座发电厂，为附近地区照明供电。1879 年，美国旧金山实验电厂开始发电，是世界上最早出售电力的电厂。1880 年后，英国和美国建成了世界上第一批水电站。1882 年，爱迪生在美国纽约珍珠街建设了拥有 6 台发电机的发电厂，这是世界上第一家"中心"发电厂。

19 世纪 90 年代，三相交流输电系统研制成功，三相交流电克服了直流电供电损耗大、容量小和供电距离短的缺点，标志着远距离输电技术的发展进入了新阶段，为电力技术革命和产业发展奠定了基础。三相交流输电很快取代了直流输电，成为电力系统发展的里程碑。电力在欧美各国快速发展起来。

2 电力引进中国

1879 年 5 月 28 日，上海公共租界工部局英国电气工程师毕晓浦（J. D. Bishop）在虹口乍浦路一个仓库里，以一台 10 马力蒸汽机为动力，带动自激式直流发电机发电，并用其发出的电点燃了碳极弧光灯，点亮了中华大地上的第一盏电灯。同年 9 月，由清末重臣左宗棠创建的福建马尾船政，购得一套电灯设备，并于 9 月 9 日晚在船政衙门后院的寺庙前进行首次试验展示，非同寻常的耀眼光亮引起当地居民的强烈诧异。电气时代伴随着国人的惊奇目光不可避免地到来了，因为电的利用，古老的中国与现代西方文明紧紧联系在了一起，而且终将密不可分。

此后，电力文明的火种迅速照亮了中国。从 1882 年英国人立德尔（R. W. Little）创办中国第一家发电厂到洋务运动催生起民族电力工业，仅仅十余年，公用电业相继在上海、广州、天津、汉口等租界建立，在这期间，虽然民族电力工业开始生成，但是大部分电厂都控制在外商手中。辛亥革命后，第一次世界大战爆发，中国民族工商业趁西方资本放松侵入之机发展壮大，江苏、浙江、广东、辽宁、湖北等地的大中城市纷纷兴办电业。1923 年，上海电力公司的杨树浦电厂总装机容量达到 12.1 万千瓦，成为当时远东地区最大的火力发电厂。

从 1911 年辛亥革命到 1937 年抗日战争全面爆发这一历史时期，全国民族电力工业有较快发展，除青海、新疆、内蒙古外已遍及全国各省，官办、商办、官商合办的电力企业在各地广泛建立。汽轮发电机组得到普遍应用，其发出的电量占全国年发电量的 92%，其设备绝大多数系外国制造。

1928 年前，中国电业的行政管理隶属北洋政府交通部，

1929 年美商上海电力公司发行的股票

但处于分散自发状态，故无全面的统计数字。1929 年，《民营公用事业监督条例》公布，此条例规定建设委员会为电气事业之中央主管机关，且特设全国电气事业指导委员会，以主其事，并按年编著出版统计资料。该委员会提供的抗日战争全面爆发前五年电气事业发展概况，见下表。

1932 ~ 1936 年电气事业发展概况

年份	电厂数	发电容量（千瓦）	发电量（千千瓦时）	投资总数（千元）	年人均用电量（千瓦时）
1932	452	478750	1193059	281577	2.72
1933	448	496140	1411816	269252	3.09
1934	450	542399	1541375	295680	3.35
1935	446	584914	1568737	301647	3.77
1936	460	631165	1724305	307731	4.98

　　表中数字均不包括工矿企业自备电厂，也不包括当时已被日本侵占的东北及台湾省。根据全国电气事业指导委员会资料，1936年全国工矿企业自备电厂共有110多个，发电容量共计24.17万千瓦，其中纺织业占41.2%，矿业占29.1%，化学工业占17.2%，其他工业占12.5%。

　　从1937年"七七事变"开始，到1949年10月1日新中国成立，这十余年是抗日战争和第三次国内革命战争时期。在战火纷飞的年代，中国电力工业发展曲折前行。

　　1937年11月，国民党政府在节节败退中迁都重庆。在其撤退时，曾将汉口、沙市、宜昌、长沙、湘潭、常德等地的发电设备共计2.54万千瓦拆迁至后方各地，但在运输中损失极大。杭州和广州两电厂因来不及撤走被就地炸毁。其他如戚墅堰电厂、南京下关电厂，遭敌机轰炸，设备部分被炸毁。上海华商、闸北、浦东等电厂的发电设备、输电杆线器材等，亦多被日军拆迁移用，损失相当严重。在宁、沪、杭沿线，如镇江大照、武进、嘉兴永明等电气公司来不及拆走的电力设备，均被日军掠为军用。凡被日军占领地区的电力企业，立即被转入日本帝国主义的战时体制，如华北方面设立"华北开发公司"以控制平津一带的电业，华中、华南方面设立"华中水电公司"和"汉州电业公司"分别控制华中、江南一带的电业等。这些公司对沦陷区原为官营的电业予以没收，原为民营的电业则强行予以收买或合营，目的是为其侵略战争服务。日本为掠夺中国资源及战备所需，加强了对占领区的电力建设，因而日占区电力生产能力有较大幅度的增长。

在国民党统治区，1937～1938年，沿海城市内迁的工业，除一部分迁入四川外，大多因川江运输困难而分别设厂于湖南湘潭、株洲、衡阳及湘桂路沿线以及湘西沅陵、辰溪一带。为加强电力建设，国民党政府于1938年调整机构，国营电气事业归资源委员会主管。资源委员会为解决一些地区的缺电问题，首先在湘潭办理湘江电厂，在湘西设立沅陵、辰溪电厂，在贵州扩充贵阳电厂，在云南设立云南电厂工程处筹办昆明电厂，在四川与省政府合办万县电厂，并独办宜宾、岷江等电厂，后与甘肃省政府合办兰州电厂，又办汉中电厂，与川康盐务管理局合办自流井电厂。以上各电厂，均先后于1938～1939年成立。但因战局变化，湖南外围吃紧，湘江电厂在装机完成时，奉令拆迁至内地。因海防失陷，向海外订购的新机，除昆明电厂的两套运到外，其余多套电机均告沦亡，致使贵阳等电厂的扩建工程停建。

此时，国统区后方各电厂因燃料供应不足，迫不得已停业者众，到1940年，电厂有48家。资源委员会鉴于火电燃料供应困难，且价格昂贵，遂计划开发水力发电。经多次勘测，资源委员会决定梯级开发四川的龙溪河、瀼渡河水电。但终因抗战期间人力、财力、物力存在困难而实施缓慢。1941年桃花溪工程建成，装机876千瓦；1943年装竣下清渊硐工程，其为2台1000马力改装机组（共约1500千瓦）。同时，万县瀼渡河上的仙女硐、鲸鱼口两处水电工程亦于1940年开始建设，共计约520马力（388千瓦），随后陆续扩大到1086千瓦。

在抗日战争后5年，国统区大后方共筹建了19个单位27

个电厂，总计新增发电装机容量 28399 千瓦。

1945 年抗日战争胜利后，国民党政府经济部将全国沦陷区分为东北区、冀热察绥区、鲁豫晋区、苏浙皖区、湘鄂赣区、粤桂闽区、台湾 7 个区。对敌伪经营的电业，国民党政府分别派员接管；对敌伪强占的民营电业及外国资本的电业，分别发还给原业主继续经营。国民党政府接管电厂的总装机容量达 115.8599 万千瓦。

中国共产党在侵华日军敌后建立了广大的解放区。1942 年，河北涉县建设了一座 10 千瓦的木制水轮机发电站，供军工和照明使用。解放战争时期，1948 年 1 月，河北平山县沕沕水水电站投产，容量 155 千瓦，由朱德总司令剪彩并亲自开闸放水发电，被誉为"边区创举"。同年在曲阳县建成葫芦汪火电厂，装机容量为 650 千瓦。

1948 年投产的沕沕水水电站发电机组

日本于 1931 年九一八事变后占领中国东北地区。此前，东北地区发电装机容量共计 200232 千瓦，其中中国人拥有 58301 千瓦，日本人拥有 141931 千瓦。日本占领东北地区后，为掠夺中国资源，对电力事业发展比较重视。抗日战争胜利前的 1944 年，东北地区电力装机容量达到 1789228 千瓦，其中 61.9 万千瓦为水电。1945 年苏联军队进入中国东北地区，将丰满、抚顺等地较先进的发电设备约 1411000 千瓦拆走，其中在建设备 42.66 万千瓦。后又经国民党军队于撤退时破坏，东北解放时，全部发电设备容量仅存 68 万千瓦。

日本于 1895 年侵占中国台湾地区后，将台湾视为其侵略给养基地之一，因此比较重视电力发展，尤其是水电发展。日本相继建成了龟山、日月潭等水电站。至 1946 年台湾光复，发电装机容量共计 296200 千瓦。

3 新中国的电力工业

从 1949 年 10 月 1 日新中国成立到 1978 年 12 月召开中共十一届三中全会，国民经济既有较快发展，也有因"左"的思想影响而受到挫折，总体处于艰苦创业期。

1950～1952 年是国民经济恢复期。1950 年 2 月，燃料工业部召开第一次全国电业会议，明确 1950 年的基本方针与任务是"保证安全发供电，并准备有重点地建设两三年内工业生产所需的电源设备"。全国电业职工经过努力，到 1950 年底，修复的受战争创伤的发电设备出力 30 多万千瓦，至 1952

年，残缺设备基本上恢复了生产。电厂经过民主改革与整顿，生产运行逐步正常，各项技术经济指标有所好转。与 1949 年相比，1952 年全国发电标准煤耗率由 1020 克/千瓦时降低到 727 克/千瓦时，发电设备年利用小时由 2330 小时提高到 3800 小时，线损率由 22.35% 降低到 11.29%。国家原定两三年内增加发电设备容量 32 万千瓦，实际于 1953 年就已超额完成任务。

1953～1957 年是新中国发展国民经济的第一个五年计划时期。5 年内计划新增机组容量 205 万千瓦，实际完成 246.9 万千瓦；计划 1957 年发电量达 159 亿千瓦时，实际完成 193.35 亿千瓦时。5 年内的年均增长率，装机容量为 18.9%（其中火电为 15.3%，水电为 43.1%），发电量为 21.9%。1957 年全国发电设备容量达到 463.5 万千瓦，年发电量达 193.35 亿千瓦时。中国的年发电量在世界上的排名从 1949 年的第 25 位上升到 1957 年的第 13 位。这一时期的电网建设也取得了较好的发展，新中国自行建设了第一条 220 千伏线路：丰满至李石寨的 220 千伏高压输电线路于 1954 年投产。1954 年，北京和天津之间架设了第一条 110 千伏线路，降压 77 千伏运行；1955 年北京至官厅水电站 110 千伏线路正式运行；1958 年初，京津唐电网升压至 110 千伏电压运行。这一时期全国分地区或分省组成了一些 35 千伏、110 千伏、220 千伏大小不同的电网，加强了各发电厂（站）之间的联系与调度，增进了经济运行，提高了供电可靠性，扩大了电力供应的区域范围。

1958～1962 年的第二个五年计划时期，受到"大跃进"和中苏关系恶化影响，中国电力工业发展虽然存在不少问题和失误，但仍取得了可观成绩。5 年间的发电量年平均增长率为22.5%，发电设备容量年平均增长率为24.3%。电力工业技术装备的现代化程度有了很大提高，国产2.5 万千瓦汽轮机组、5 万千瓦汽轮机组和7.25 万千瓦水轮机组投运，基建与生产基本走上了自力更生的发展道路。全国发电设备容量10万千瓦以上的电网已由1957 年的7 个增加到1962 年的22 个，最大电网（东北的南部电网）的设备容量已达到317 万千瓦。

1963～1965 年，国民经济继续贯彻1961 年中共八届九中全会提出的"调整、巩固、充实、提高"八字方针。在调整工作中，完成了215 万千瓦发电设备的填平补齐，使已有的1300 万千瓦发电设备达到基本上满发，3 年中的发电量年平均增长率达到14% 的较高水平。这一时期，农村配电建设受到重视。1965 年，3～10 千伏线路长度比1962 年增加了1.18倍，3～10 千伏变压器容量比1962 年增加了1.12 倍。此外，农村还大修和改造了数万公里的配电线路。到1965 年末，全国拥有发电设备容量1507.63 万千瓦，年发电量676.04 亿千瓦时，主要技术经济指标为发电标准煤耗率477 克/千瓦时，供电标准煤耗 518 克/千瓦时，厂用电率6.98%，线损率7.31%，设备年利用小时4920 小时（其中水电3728 小时，火电5217 小时）。中国年发电量和发电设备容量在世界上的排名均上升到第9 位。

1966～1970 年的第三个五年计划和1971～1975 年的第四

个五年计划时期，因受到"文化大革命"的影响，计划制定与执行受到干扰，出现了计划指标严重脱离现实的情况。尽管如此，经过全国电业职工的艰苦努力，电力工业发展还是取得了一些成就。至 1975 年底，全国年发电量为 1958.4 亿千瓦时（其中水电 476.3 亿千瓦时），全国拥有发电设备容量 4340.6 万千瓦（其中水电 1342.8 万千瓦）。这一时期的电力设备有了长足发展，国产 10 万～30 万千瓦第一台汽轮发电机组相继投运，国产 15 万～30 万千瓦第一台水轮发电机组也相继投运。在此期间，缺电矛盾日益加剧，1975 年底，全国装机容量在 10 万千瓦以上的 39 个电网中，缺电的有 24 个，全国缺电达 500 万千瓦。

1975 年编制的"五五计划"（1976～1980）继续受到"左"倾思想影响，指标不断提高。1975～1978 年的三年里，电力发展速度有所放缓。全国年发电量从 1958.4 亿千瓦时增长到 2565.5 亿千瓦时，年均增长 9.4%；全国发电设备容量从 4340.6 万千瓦增加到 5712.21 万千瓦，年均增长 9.6%。由于装机速度跟不上，缺电局面更为严重。到 1978 年，各电网都有不同程度的扩大，很多电网逐步发展成为以 220 千伏线路为骨干的全省统一电网或跨省电网，电网的最高电压已上升到 330 千伏。

4 改革促进电力大发展

1978 年 12 月召开的中共十一届三中全会，开创了中国国民经济和社会发展的新局面，也开启了电力工业蓬勃发展的大好时期。

1979～1980 年是实行"五五"计划的最后两年，电力工业贯彻党中央提出的"调整、改革、整顿、提高"八字方针，开展了以生产为中心、以管理为重点、以提高经济效益为目的的企业整顿工作。

电网频率和电压普遍得到了改善。"文革"期间，全国各大电网低频运行达八九年之久，电压普遍偏低。经过整顿改善，至 1980 年，全国 11 个发电容量在百万千瓦以上的电网中，已有 9 个电网频率合格率达 99% 以上，电压合格率也有很大提高。

发电设备恢复发电。经过整顿，至 1980 年，恢复设备出力 401 万千瓦，全国设备完好率由 1978 年的 90.8% 上升到 1980 年的 93.5%。同时水电站的低水位运行发电也得到了纠正，挽回了每年 20 亿千瓦时的电量损失。

加强经济调度，节能、降耗方面取得新进展。由于加强了水电、火电的经济调度，水电减少弃水，每年多发 20 亿千瓦时；火电单机 10 万千瓦以上的大型机组发电比重从 1966 年的 6% 提高到 1980 年的 27%；同时加强了"油改煤"工作，减少了烧油机组。

1982 年发布的"六五"计划明确提出：水电建设的重点是继续开发黄河上游、长江中上游干流和红水河流域，建设一批大中型水电站；安排一批离负荷中心较近、淹没损失较少、工程较小、投资省、见效快的中型水电站。火电建设，主要在煤炭资源丰富的山西、内蒙古东四盟、两淮、渭北等地，结合煤炭开发建设一批坑口电站，形成一批火电基地。对煤炭资源不足而用电负荷又比较大的辽宁、上海、江苏、浙江、广东、四川等地区，根据运输条件，建设必要的火电厂，并建设30万千瓦级核电站。"水火并举，因地制宜"的电力建设方针更加符合中国能源的分布，并力求形成比较合理的布局。

在执行"六五"计划过程中，电力工业贯彻"国家、企业、集体、个人一起来，大、中、小型一起上"的方针，调动各方面办电的积极性，加快了发展步伐。体制改革开始起步，电力企业由生产型向生产经营型转变；基本建设实行投资包干、招标承包、百元产值工资含量包干三大改革，并逐步开展设计、科技和教育的体制改革；扩大联网，发展大电网，尤其是华中、东北、华北三大电网开始形成以500千伏线路为骨架的跨省区大电网；加强外资和引进技术工作，同时也开展对外承包工程。

1985年，全国发电设备容量达8705.32万千瓦，年增长率为5.7%，实现年发电量4106.89亿千瓦时，平均年增长率达6.4%。在电网建设方面，全国装机容量在100万千瓦以上的电网有11个，其中华东、东北、华北、华中四大电网拥有的装机容量都已超过1000万千瓦，11个电网合计拥有的装机容量7234万千瓦，占全国的83.1%。

"六五"期间，虽然电力工业有了较大发展，但随着国民经济的快速发展，缺电局面更加严重。电力供应已成为制约国民经济发展的瓶颈，以至于在全国形成了"以电定产"的局面。

1985年9月通过的《关于制定国民经济和社会发展第七个五年计划的建议（草案）》（以下简称《建议》）明确指出："能源工业的发展要以电力为中心，要积极发展火电，大力开发水电，有重点、有步骤地建设核电站。"根据《建议》，国务院制订了"七五"计划，对电力提出了"政企分开，省为实体，联合电网，统一调度，集资办电"的20字方针，为电力改革指明了道路。

"七五"期间，电力行业继续深化改革，开展集资办电，改革投资体制，对大中型基建项目实行投资包干责任制和百元产值工资含量包干办法，把国家、企业、职工三者的利益紧密地结合起来。改革基建体制，实行招标、投标以及工程内部承包。改革供用电和电网管理体制，使网局、省局成为独立核算企业，实行以省网为独立实体加上大区电网统一调度的新机制，采取计划用电、节约用电、降低能耗等措施，从多方面缓解缺电局面。

1987年，发电设备容量达到10289.70万千瓦，实现了超过1亿千瓦的目标，这成为电力工业发展史上的一个里程碑。

"七五"计划期间，净增发电装机容量5083.68万千瓦，平均每年装机约1000万千瓦。新增机组已进入以单机容量20万~30万千瓦以上为主力机组的时期。百万千瓦以上容量的电厂已有19座。核电建设起步。电网规模继续扩大，华东、东北电网容量达到2000万千瓦以上，华中、华北电网容量也已超过1800万千瓦。四大电网500千伏线路网架初步形成，西北电网 330 千伏线路网架逐步扩大和完善。葛洲坝至上海 ±500千伏直流输电线路投入正常运行。中国年发电量和发电设备容量在世界上的排名都上升到第四位。

1991 年，开始执行"八五"计划，进一步深化电力体制改革，深入贯彻 20 字方针和"因地因网制宜"的方针，转换企业经营机制，进行财税、投资、计划、建设体制改革及现代企业制度试点，使电力企业的发展逐步与社会主义市场经济的发展相适应。同时，电力行业发挥国内、国外两个资金市场的作用，拓宽资金筹集渠道，初步形成"电厂大家办，电网国家管"的发展新格局。加强企业科学管理，挖掘内部发展潜力，贯彻"眼睛向内，苦练内功，以深化改革为动力，以安全文明生产为基础，以经济效益为中心，以优质服务为宗旨，以最大限度满足社会用电需求为目标"的指导思想，管理水平进一步提高。"八五"期间，全国年均投产 1500 万千瓦，装机容量突破了 2 亿大关。广东大亚湾与浙江秦山两座核电站相继投产。1995 年全国发电设备容量达到 21722.42 万千瓦，全国发电量达到 10069 亿千瓦时。"八五"期间年发电量平均以 9.77% 的速度递增。电网规模进一步扩大，华北、东北、华东、华中等电网容量均超过 2000 万千瓦。广东、广西、贵州、云南四省形成互联电网。大电网已覆盖了全部城市和大部分农村。随着三峡工程的兴建，全国联网提上议事日程。

农村电气化事业发展较快，农村用电水平有了较大提高，县及县以下用电量由 1990 年的 2059 亿千瓦时增加到 1995 年的 3700 亿千瓦时，年均递增 12.4%。乡、村、农户通电率分别达到 98%、96%、92%。3000 万无电农村人口的用电问题得到解决,建成了农村电气化县 378 个,农电网络及小水电、新能源发电有了较快发展。

利用外资取得实效。到 1994 年年底,电力工业利用外资开展大中型项目 64 项,容量 4070 万千瓦,外资协议金额 145 亿美元,实际利用外资 121 亿美元,占同期电力建设投资的 11%。

从 1994 年起,电力固定资产投资占全国能源固定资产投资的比例超过 50%,且实现了逐年增加,中国电力工业发展的速度越来越快。到 1996 年,全国发电装机容量(2.36 亿千瓦)和发电量(1.08 万亿千瓦时)均跃居世界第二位。

1996 年以后,长期以来制约国民经济发展和人民生活水平提高的严重缺电局面得到了初步缓解,部分地区甚至出现了电力相对富余。这其中虽然有亚洲金融危机导致国内需求减缓的因素,但电力工业发展粗放、结构失衡、农村电网薄弱等问题也充分暴露。中国电力工业进入一个转变发展方式、调整内部结构、促进电网电源协调发展、改善农村用电环境、扩大电力消费需求、推进西电东送和全国联网的发展新阶段。

这一阶段,国有经济电力固定资产投资占全国能源固定资产投资的比例进一步加大,2002 年已经达到 79.29%,更加体现了电力在能源工业发展中的中心地位。1998~2002 年 5 年时间里城乡电网建设与改造累计完成投资 3908.7 亿元,是新中国成立以来最大规模的城乡电网投资。2000 年,国家明确了"十五"期间"西电东送"北、中、南三大通道建设,"西电东送"工程大力推进。这一阶段西部大开发加快水电建设，核电重点工程建设相继启动，火电"以大代小"持续实施。2000年4月，全国发电装机容量突破3亿千瓦。

从1978年改革开放开始到2002年电力体制改革之前，电力工业走出了延续20多年的缺电困境，整体素质不断提高，实力不断增强，整体面貌发生了根本变化。

第一，中国电力工业装机容量从0.5亿千瓦，跃过了1亿千瓦、2亿千瓦和3亿千瓦三个大台阶，达到2002年年底的3.57亿千瓦；发电量从0.25万亿千瓦时增加到2002年的1.65万亿千瓦时，两者均居世界第二位。

第二，基本扭转缺电局面。自1980年提出多家办电，到1984年形成集资办电政策后，经过10多年的努力，电力从1997年下半年开始至2002年连续5年出现供需基本平衡、总量略有富余、个别地区短时间缺电的态势。

第三，电力工业结构调整取得了显著成就。加强电网建设，电网发展与发电能力相协调的态势基本形成。国家投入大量资金，改造和新建城乡配电网络，输配电网配合渐趋合理。发电能源结构发生了重大变化，西部大开发加快水电建设，加快对长江、黄河以及其他大江、大河中上游的梯级开发，新的大中型水电站成批投产，提高了水电比例。核电建设开始发展，已形成447万千瓦的生产能力。风力发电也开始起步。地热发电、太阳能发电、垃圾发电在一些地区取得成果。

第四，农村供电加速扩展，供电能力迅速增强。从20世纪90年代开始的扶贫共富工程，促使电力扩展到边缘地区、少数民族地区和偏远山区。实现县县通电后，用电农户增加到95%以上，农村用电水平逐年提高。进入21世纪以后，国家又投入2500多亿元资金改造农村电网，并与农电管理体制改革相配合，逐步实行城乡供电同价，减轻农民电费负担。

第五，在改革开放中新科技迅速发展。大机组、高电压技术已与国际水平接轨，一批高科技设备在电力工业领域使用；发电厂燃烧技术、环保技术、自动化控制技术和电网遥控技术均达到国际先进水平。

新中国成立后电力工业实行计划经济体制，尽管采取了各种措施，但都没有有效解决缺电问题。而2000年发生的"二滩弃水事件"，成为2002年深化电力体制改革的导火索。

2000年夏天，正是用电高峰季节，不少城市传出电力吃紧的消息，然而，当时中国最大的水电站——二滩水电站，却在为电卖不出去而苦恼。二滩水电站位于四川省攀枝花市，总装机容量330万千瓦，工程投资285.5亿元，是中国当时已建成的最大水电站。当初规划建设二滩水电站，主要是为了满足川渝地区电力增长的需要，计划发电量170亿千瓦时。为此，二滩水电开发有限责任公司与四川省电力公司、重庆市电力公司早在1998年第一台机组投产前就签订了有关购电合同，核定1998年、1999年、2000年3年的上网电量分别为9.8亿千瓦时、66.3亿千瓦时和93.1亿千瓦时。然而，其后的执行情况让二滩水电站尴尬不已，1998年和1999年的实际上网电量分别仅为7.5亿千瓦时和49.84千瓦时，弃水电量分别达15.6亿千瓦时和81.16亿千瓦时，加之执行每千瓦时0.185元的临时上网电价，二滩水电站的损失可想而知。投产两年，二滩水电站不仅投资一分也没收回，而且面临巨额亏损，1998年和1999年累计亏损已达12.5亿元，2000年，根据川渝地区发电计划的安排，二滩水电站的上网电量不增反降，仅为45.14亿千瓦时，实际弃水量将达100亿千瓦时。

二滩水电站大坝

新华社记者就此事采写的内参被递上高层，引起了国家领导人的重视，并进而引发对即将投产的三峡水电站的忧虑。很快，问题的根源指向了"厂网不分"的电力管理体制。

2002年，国务院印发国办〔2002〕5号文件，实施新一轮电力体制改革，成立国务院电力体制改革工作小组，办公室设在电监会。

作为电力体制改革重要内容的机构重建，是对原国家电力公司进行拆分重组，组建五大发电集团、两大电网公司和四大电力辅业集团。

国家成立电力监管委员会（正部级，简称"电监会"），撤销经贸委，其原来承担的行业管理、技改投资等职能移交国家发展和改革委员会（以下简称"发改委"），市场监督职能移交国家电监会。这就在中央层面形成了以国家发改委、国家电监会为主，国资委、财政部、环保部等部门相配合的管电体系。

2003 年，国务院办公厅印发《电价改革方案》（〔2003〕63 号），建立煤电联动机制；颁布《电力监管条例》，在东北、华东以及南方开展区域电力市场模拟，在吉林、广东等地逐步启动大用户直购电试点。

2005 年，成立国家能源领导小组（国务院总理兼组长），作为高层议事协调机构。该小组下设国家能源办公室，作为日常机构挂靠国家发改委。

2008 年，设立国家能源局（副部级），为国家发改委管理的国家局（前身为 2003 年国家发改委内设的能源局），负责有关战略规划、项目审批、行业管理以及能源立法与产业政策等。电价审批等职能仍然在其他司局。

2010 年，成立国家能源委员会（国务院总理兼主任），作为中国能源领域的最高战略决策和统筹协调机构；办公室主任由国家发改委主任兼任，副主任由国家能源局局长兼任，办公室具体工作由国家能源局承担。

2011 年，深化主辅分离改革，组建中国能源建设集团、中国电力建设集团两大辅业集团。

2013 年 3 月，国务院将国家能源局、电监会的职责进行整合，重新组建国家能源局，不再保留电监会。新的国家能源局主要进行拟订并组织实施能源发展战略、规划和政策，研究提出能源体制改革建议，负责能源监督管理等方面工作。改革后，国家能源局继续由国家发改委管理。

2015年3月15日，《中共中央、国务院关于进一步深化电力体制改革的若干意见》印发，要求在进一步完善政企分开、厂网分开、主辅分开的基础上，按照管住中间、放开两头的体制架构，有序放开输配以外的竞争性环节电价，有序向社会资本放开配售电业务，有序放开公益性和调节性以外的发用电计划；推进交易机构相对独立、规范运行；继续深化对区域电网建设和适合中国国情的输配体制研究；进一步强化政府监管，进一步强化电力统筹规划，进一步强化电力安全高效运行和可靠供应。中国的电力体制改革按照"市场化""法治化"的要求继续走向深入。

自2002年电力体制改革以来，中国电力工业持续快速发展，取得了举世瞩目的成就。

一是电力规模不断增大，结构逐步改善。

截至2014年年底，中国电力装机总规模、发电量、电网规模继续保持世界第一位，长期困扰中国的电力短缺矛盾得到有效缓解，电力系统的安全性、可靠性、经济性和资源配置能力得到全面提高，满足了用电量持续增长和安全可靠供电的需要。中国电力工业总体上达到了世界先进水平，实现了从电力大国向电力强国的转变。

截至2014年年底，全国发电装机容量达到13.6亿千瓦。其中，火电9.15亿千瓦、水电3.0亿千瓦、核电1988万千瓦、并网风电 9581 万千瓦、并网太阳能发电 2652 万千瓦。电网发展实现历史性跨越。2014 年年底,全国 220 千伏及以上线路达到 57.2 万千米,变电容量 30.27 亿千伏安,已形成东北、华北—华中、华东、西北、南方五个同步电网,实现了除台湾地区以外的全国电网互联。特高压电网从无到有,已建成"三交六直"特高压工程。跨区跨省电网和省级电网主网架、城乡配电网、智能电网试点协调发展,电网优化配置资源能力和供电"卡脖子"问题得到有效缓解,供电安全性、可靠性和经济性不断提高。

电力保障支撑能力增强。作为关系国计民生的基础性产业,自 2002 年以来,中国电力工业在电源、电网、电力装备制造、清洁能源发展等多个领域不断实现新的跨越,整体满足了经济社会发展的电力需要。截至 2014 年年底,全国电力装机容量和发电量分别从 2002 年的 3.57 亿千瓦、1.65 万亿千瓦时提高到 2014 年的 13.6 亿千瓦和 5.5 万亿千瓦时。

二是电力装备水平不断提升,国际竞争力明显增强。

火电领域。60 万千瓦级超(超)临界和百万千瓦级超超临界火电机组的设计制造技术日趋成熟,已成为中国火电发展的主力机型。自主设计和制造 30 万千瓦大型循环流化床锅炉(CFB)能力及技术,居世界领先水平。60 万千瓦空冷岛主要设备的设计制造技术跨入世界先进行列,百万千瓦超超临界空冷汽轮机已经广泛应用。积极引进消化吸收国外先进重型燃气汽轮机联合循环机组制造技术,使中国燃气轮机自主化,本地化率达到 85% 以上。百万千瓦超超临界二次再热技术实现突破，700℃超临界燃煤发电技术研究取得重要进展。

水电领域。水电领域形成了较为健全的水电设备制造体系，具备了自主设计制造大型成套水电装备的能力并接近世界先进水平。70万千瓦级水电机组实现国产化，大坝施工、大型水电机组的设计、制造、安装和运行技术走在了世界前列。向家坝水电站机组的额定单机容量达81.2万千瓦，是目前世界上单机容量最大的水轮发电机组。

核电领域。核电技术装备自主化不断实现重大突破：中国在世界上率先建设第三代核电机组，自行研制了30万和60万千瓦压水堆核电设备，60万千瓦核电国产化率达70%以上。岭澳二期百万千瓦核电机组国产化率提高到70%。核电装备在主设备和辅机等方面拥有了一批自主知识产权，百万千瓦核电机组制造能力进一步提高。中国自主研发的三代核电技术ACP1000通过了国际原子能机构反应堆通用设计审查。自主开发的具有第四代安全特征的高温气冷堆示范工程总体顺利，第四代示范机组在世界上保持领先水平。

风力及太阳能发电领域。风电装备制造水平不断提升，成功研制了1~5兆瓦风电机型，风电设备制造和供货能力步入世界前列，风机国产化率达到85.7%。太阳能发电业蓬勃发展，太阳能发电设备制造企业的国际竞争力不断增强。

输变电领域。750千伏、500千伏交流超高压输变电设备设计制造水平达到国际先进水平，中国已全面掌握1000千伏交流和±800千伏直流输电核心技术和关键设备制造技术；中国自主设计制造的国家风光储输示范工程建成投产，是目前世界上规模最大，集风电、光伏发电、储能、智能输电于一体的新能源综合利用平台；建成了亚洲首个柔性直流输电示范工程——上海南汇风电场柔性直流输电工程，这是中国第一条拥有完全自主知识产权、具有世界一流水平的柔性直流输电工程。同塔双回、紧凑型线路、大截面耐热导线、大容量变压器、钢管塔等新技术、新设备、新工艺广泛应用，输变电技术水平不断提升。中国建成世界上电压等级最高、端数最多、单端容量最大的浙江舟山 ±200 千伏五端柔性直流输电工程。

三是清洁能源发电快速发展，电源结构进一步优化。

清洁能源发电快速发展。截至 2014 年年底，水电装机 3.0 亿千瓦，是 2002 年 8607 万千瓦的 3.5 倍。并网风电装机 9581 万千瓦。水电和风电装机容量继续保持世界第一位。并网太阳能发电装机 2652 万千瓦。核电装机 1988 万千瓦。

清洁能源配置能力显著增强。国家电网跨区跨省输电能力达到 1.27 亿千瓦，其中清洁能源输送能力 5450 万千瓦，占43%。2014 年，四川水电外送量 1120 亿千瓦时，同比增长62%。风电、太阳能发电跨区跨省输送电量 190 亿千瓦时，同比增长 90%。复奉、锦苏、宾金三大特高压直流保持长时间满功率安全运行，向华东地区输送电力 2160 万千瓦，同比增长 69%；消纳四川水电 519 亿千瓦时，同比增长 87%。两者均创历史新高。南方电网西电东送规模达到 3400 万千瓦，其中 70% 为水电等清洁能源。

电源结构进一步优化。西部和北部能源基地建设进一步加快，东部沿海地区发电装机增速下降，新增电源加速向西部、北部能源基地布局。"十一五"期间西北地区装机增长 135%，内蒙古地区装机增长 300%，电源地区布局逐步优化。

煤电机组不断升级换代。2013 年全国在役火电机组中，30 万千瓦及以上机组占到 75%，比 2005 年提高 34 个百分点。在运、在建的百万千瓦级组和 60 万千瓦机组均列世界第一位。

四是节能减排成效巨大，达到世界先进水平。

积极推进节能减排和污染治理。2002～2014 年，中国火电供电标准煤耗从 383 克/千瓦时下降到 318 克/千瓦时，提前实现"十二五"规划目标值，达到世界先进水平。中国线损率从 7.52% 下降到 6.34%，在同等供电负荷密度国家中处于先进水平。全国发电厂用电率 5.0%，同比下降 0.08 个百分点。

截至 2014 年年底，中国煤电烟气脱硫比重达 92% 左右，比美国高 30 个百分点；火电脱硝比重 75% 左右，比美国高 25 个百分点。电力行业烟尘、二氧化硫、氮氧化物排放量下降 25% 左右，煤电单位发电量污染物排放水平全面达到世界先进水平。

烟尘氮氧化物和二氧化碳排放强度均呈下降态势，电力行业碳排放总量增速放缓，为国家实现节能减排目标做出了重要贡献。

五是电力企业管理水平明显提高，国际合作不断深化。

集团化运营水平不断提高。各大电力企业通过体制机制创新，加强集约化、专业化、规范化管理，提高依法治企水平，建立现代企业制度，提高运营效率和经济效益。它们发挥集团优势，优化配置内部资源，创新企业管控模式；通过压缩管理费用、控制非生产性投资、规范用工管理等措施，有效控制了运营成本；创新融资模式，提高融资效率，降低融资成本，缓解了电力资金的瓶颈约束，增强了资本运营能力和可持续发展能力。大型电力企业加快推进综合型能源集团建设，拓展了产业领域，增强了综合实力。

电力行业统筹利用国际、国内两个市场、两种资源，大力实施"走出去"战略，深入推进国际化运营，实现了从引进国外技术、资本、管理，到向国外输出技术、设备和管理的转变。电力企业在海外电源开发、电网运营、资源并购、电工装备、工程总包等领域不断取得突破；同时，积极开展境外并购，境外电力工程总包、能源资源合作开发等，取得了重要成果。

电网企业开展国际化经营取得明显成效。国家电网公司在电网技术标准制定、与周边国家能源合作、海外投资、资本国际化及海外工程承包和技术服务等领域，形成了较为系统的国际战略布局。国家电网公司先后成功运营菲律宾国家输电网、巴西输电特许权项目，战略入股并参与运营管理葡萄牙国家能源网公司。南方电网充分发挥独特的区位与地缘优势，加强与大湄公河次区域国家的电网互联、电力交易和合作开发，促进资源有效利用和优化配置。2014 年南方电网公司获得香港青山发电公司 30% 股权（中华电力占 70%）。

发电企业积极开展国际化经营。华能集团成功收购澳大利亚昆士兰州发电厂 50% 的股权、新加坡大士能源公司 100% 股权等。华电集团逐步形成境外投资、工程承包、运营服务、国际贸易的"四轮驱动"新格局，业务已遍布欧、亚、非以及北美地区。大唐集团、国电集团、中电投集团也都成立了海外公司（海外事业部），专门负责海外项目的开发和运作。

电力辅业集团和基建企业积极投身国际市场，中国电建、中国能建两大辅业集团及旗下企业积极参与海外工程承包、劳务输出、对外投资等，提高中国电力企业在设计建设领域的国际竞争力。2014年，中国电建承建项目遍及92个国家，在建项目合同总额超过700亿美元。中国能建承建巴基斯坦尼鲁姆·杰卢姆水电站等重大工程，在建国际项目超过300个。

六是全面履行企业社会责任，提供电力普遍服务。

电力企业认真履行在服务经济社会发展、服务民生中承担的社会责任，树立了良好的行业形象。电力企业不断增强社会责任理念，发布企业社会责任报告，主动将企业社会责任与可持续发展理念根植于企业运营当中，并涌现出一批先进组织以及李朗红、吕清森等一大批先进人物。

电力企业积极参与抗冰抢险、抗震救灾、奥运会保电、亚运会保电、世博会保电等重大任务，充分发挥了骨干表率作用。

此外，电力企业还大力实施"新农村、新电力、新服务"战略，推动农村电力发展，改善了农村生产生活条件，计划2015年全面解决无电人口的用电问题。

5　迈向新电气化时代

能源是人类生存和发展的物质基础。200多年来，人类社会已经先后经历了两次工业革命：蒸汽机的发明与广泛应用，煤炭迅速取代薪柴，推动了近代工业的建立和大发展；电力的发明及广泛应用，推动了现代工业的建立和大发展。21世纪的今天，第三次工业革命，即以新能源技术、智能技术、信息技术、网络技术相融合的可再生能源发电逐步替代传统能源发电为标志的变革，正如火如荼地进行。

未来电力工业的发展将以绿色能源为源，以智能电网为本，共同构成经济社会发展的新基石、新动力。以智能电网为载体，整合全球绿色能源的能源互联网必将成为第三次工业革命的重要内容。智能电网和绿色能源的结合必将为人类文明的发展注入永不枯竭的新动力。

站在历史的新起点上，一个更加灿烂的新电气化时代正向我们走来。

一　蹒跚起步（1879～1911）

19世纪，随着资本主义经济的发展，自然科学特别是电力的研究取得重大进展，1870年以后，各种新技术、新发明层出不穷，并被广泛地应用于工业生产领域，促进了经济的进一步发展。以电力的广泛应用为标志的第二次工业革命蓬勃兴起，人类进入电气时代。

而同时期的中国，还沉浸在"天朝上国"的美梦当中，自给自足的农业经济和闭关锁国的对外政策与西方现代文明的差距越来越大，故后来逐渐沦为西方列强的半殖民地。然而，电也因此由西方传入中国。

中国的电能应用首先在上海的公共租界发展起来，此后被倡导"洋务运动"的官僚和"实业救国"的民族资本家推广。至1911年辛亥革命胜利，全国发电设备容量达到2.7万千瓦。其中，民族电力工业合计约1.2万千瓦，外商经营的电力工业合计约1.5万千瓦。从地区来看，关内1.7万千瓦，东北1万千瓦。

1 星星之火——中华大地亮起第一盏电灯

19世纪70年代，上海的街道、商号和居民是采用煤气灯或煤油灯照明的。到70年代末，英国电气工程师毕晓浦在欧美一些国家电灯实用化的启迪下，产生了研究电能的兴趣。1879年5月28日，他在虹口乍浦路的一座仓库里，用7.46千瓦的蒸汽机带动自激式直流发电机，将发出的电能点燃了一盏碳极弧光灯。这是中华大地上点亮的第一盏电灯。

1882年，英国人立德尔等招股筹银5万两，成立上海电气公司，从美国购得发电设备，在南京路江西路路口（今南京东路190号）创办了中国第一家发电厂。同时，电厂的转角围墙内竖起第一盏弧光灯杆，并沿外滩到虹口招商局码头立杆架线，串接15盏灯。1882年7月26日下午7时，电厂开始供电。夜幕下，弧光灯一齐发光，炫人眼目，吸引了成百上千的人，他们带着惊喜而新奇的心情聚集围观。第二天，上海中外报纸都做了关于电灯发光的报道。"7月26日"由此成为中国电力工业发展历史上一个值得纪念的日子。是年9月25日，坐落在黄浦江外滩的上海俱乐部等装接电灯，成为中国第一批电灯用户。

立德尔在上海建立的这座发电厂，比全球率先使用弧光灯的法国巴黎北火车站电厂晚7年，比英国伦敦霍尔蓬高架路（Holborn Viaduct）电厂晚6个月，却比美国纽约珍珠街（Pearl street）电厂早2个月，比俄国彼得堡电厂早1年，比日本桥茅场町发电所早5年。这个电厂也标志着神州大地的电力事业从上海开始起步。

1882 年，上海南京路亮起路灯

2 孕育电光——上海成为中国电力发源地

　　1840 年第一次鸦片战争后，依照 1842 年签订的中英《南京条约》，上海成为五个对外通商口岸之一，允许英国在上海设立租界。开埠后的近代上海成为远东最繁荣的港口和经济、金融中心，并逐渐发展成为远东地区最繁华的国际化大都市。

而电力也在上海蓬勃发展起来。

1883 年，为扩大经营，上海电气公司将电厂迁至乍浦路另建新厂，并从英国订购了蒸汽发电机组。当年 6 月，上海电气公司同公共租界工部局签订合约，在外滩、南京路、百老汇路（今大名路）3 条主干道上，安装 35 盏弧光灯，替代 155 盏暗淡的煤气灯，使道路照明发生了很大变化。

1888 年 11 月 1 日，上海电气公司改组，成立新申电气公司，供电能力扩大，能供 60 盏弧光灯照明，翌年 11 月，发展到供应 72 盏弧光灯照明。1890 年 4 月，上海开始推广使用更为方便的电压为 100 伏、频率为 100 赫兹的白炽灯，缴纳电费也由过去按灯头计价，改为按电能实耗收费，因而深受市民欢迎。1891 年，上海市民家中陆续装用白炽灯。翌年，外滩一带的煤气灯都改用白炽灯。不到两年时间，装用白炽灯总数达 2895 盏，公司的经营效益迅速提高。

但由于公共租界工部局对路旁立杆架线限制较严，公司缺乏资金购买价格昂贵的地下电缆，业务难以进一步发展。于是，公共租界工部局纳税人年会通过提案，决定于 1893 年 8 月 20 日，以白银 6.61 万两收购新申电气公司的全部产业，成立工部局电气处。9 月 1 日，工部局电气处建造设备容量为 197 千瓦的中央电站，供 123 盏弧光灯和 6325 盏白炽灯照明。

从 1894 年起，工部局对第一批 12 家用户安装了电表，实行装表计费。面对快速增加的电力用户，工部局电气处又耗银 2.5 万两，在斐伦路（今九龙路）30 号动工建造设备容量为 298.5 千瓦的新中央电站，共装置锅炉 2 台，复式蒸汽机 10

台，交、直流发电机 13 台，电站于 1896 年 5 月 21 日落成发电。1901 年，英国人奥特里奇担任电气处总工程师，用银 7 万两，逐步将直流发电机更换为交流发电机，总容量达 600 千瓦，由原来只供夜间照明改为昼夜连续供电。为了提高电能质量和降低线路损耗，从 1903 年起，发电机频率从 100 赫兹降至 50 赫兹，供电电压从 100 伏上升到 200 伏、220 伏，通向市中心的 5 条供电线路相继建成投入运行。

1896 年，工部局新中央电站设备

1904 年，电站开始向工厂电动机及电梯供电，经营业务有了新的扩展。全市白炽灯也增加到 88201 盏。1905 年，电站改造完成，发电设备容量增加到 1600 千瓦，最高负荷达 1090 千瓦。1907 年，电站安装了中国第一台汽轮发电机组，容量 800 千瓦，由英国派生公司制造；同时安装 1 台当时远东最大、最先进的自动链条炉排锅炉，蒸发容量为每小时 2.4 万磅（10.9

吨），由英国拔柏葛公司（B&W）制造。翌年，直流供电电压提高到400伏，有两台直流发电机专供电车公司，容量600千瓦。从此上海街道出现有轨电车。是年，斐伦路电站容量达4400千瓦，最高负荷2500千瓦。1911年，电站容量增至6400千瓦。

19世纪末20世纪初，外商在上海办电，除公共租界工部局电气处外，法租界公董局也于1896年2月筹建洋泾浜电气厂，厂址选在洋泾浜畔带钩桥（今延安东路山东路口），并于翌年6月建成，以直流电供法租界内的道路和用户照明。1906年1月，法租界公董局与比利时的国际东方公司在上海签约，由该公司出资22.5万法郎收购洋泾浜电气厂，并作为发起者，联合几家法国财团组成股份有限公司，于1906年6月26日成立上海法商电车电灯公司，资本总额300万法郎。这一年的11月，该公司又在卢家湾购置土地，新建蒸汽发电厂。1909年1月31日，卢家湾蒸汽发电厂第一台50千瓦直流发电机组投入运行，电压为100伏。到1911年，卢家湾蒸汽发电厂前后共装设锅炉4台、直流发电机组5台、交流发电机组1台，发电设备总容量已达1500千瓦。

到1911年中华民国成立前夕，上海共有中外电力公司4家，发电设备容量达8750千瓦。

3　皇宫亮灯——电力走进紫禁城

上海点亮第一盏电灯之后9年，电灯也在北京城亮起。据考证，安装在慈禧太后寝宫仪鸾殿的电灯，是京城亮起的第一盏电灯。发电设备来自于北洋大臣李鸿章的贡品。1888年，他将发电设备和电灯作为贡品献给慈禧太后，包括直流发电机组及电灯材料在内，这套特殊的贡品耗资白银6000两。发电设备安装在仪鸾殿（今怀仁堂）西门墙外。同时，朝廷成立了专门的供电机构——西苑电灯公所。

1889年的一天，北京城下了一天的雨，夜幕降临，紫禁城里华灯初上，慈禧太后寝宫仪鸾殿看门的太监正伸手关门，突然大叫一声，并跳了起来。原来，淅淅沥沥的雨已将木门浸透，而木门旁边的两盏电灯发生了漏电，将关门太监电了一下。类似情况，在阴雨天经常出现，以至于太监们将电灯视为"妖术"。

1890年，清政府又耗资白银1.22万两，从德国购进一台蒸汽机带动的20马力（约15千瓦）发电机组，并于次年安装在颐和园宫门外东南角的耶律楚材祠南侧，建立了颐和园电灯公所。据史料记载，当时，园内大戏台等处安装大弧光灯2盏，普通电灯60余盏。

据清军《神机营档》记载：西苑和颐和园电灯公所，官、工匠各20名，户部每年拨白银6万两，用于电灯公所的维护费用。《颐和园电灯公所房间、机器数目册》记载：机器房院屋68间，东院房18间，蒸汽发电机3台。

1900年，八国联军进犯北京，西苑、颐和园电灯公所两套发电机组及电灯设备均被毁坏。1901年，清政府同八国联军议和。翌年，慈禧太后由西安回京驻颐和园内。为重修西苑与颐和园两处电力设施，清政府筹银12.49万两，向德商荣华

清末，安装在颐和园排云殿内的照明电灯

洋行订购发电机设备。1904 年，西苑电灯公所恢复发电。同年 5 月，电灯重新在颐和园亮了起来。

为扩大宫廷电灯照明范围，1907 年，清宫内廷总管崔玉贵口传太后懿旨，在紫禁城宁寿宫安装电灯设施，之后便在北池子大悲院寺庙内择空闲房间，动工兴建发电机房，安装了发电设施。翌年初，宫廷发电亮灯，并成立宁寿宫电灯处，属西苑电灯公所管理。至此，清宫廷在 1888~1907 年的 20 年间，先后在西苑、颐和园、宁寿宫建成三处管理机构，管理发电机 3 台，发电装机总容量不足 50 千瓦，均属清宫廷官办官用。

4 有轨电车——电力驱动新交通

1879 年，德国工程师西门子首次在柏林工业博览会上尝试使用电力带动轨道车辆。此后，1880~1890 年，德国柏林、意大利罗马、美国里士满都相继进行了有轨电车的商业化探索，建立了有轨电车系统。

代表工业文明的有轨电车一出现，就很快打败了马车、人力车等交通工具，成为当时城市的主要交通出行方式。20 世纪初，包括欧洲、北美及日本、印度等国家和地区在内，几乎世界上每一个大城市都拥有了有轨电车系统。

中国大陆最早的有轨电车出现于北京，时间是 1899 年，由德国西门子公司修建，连接郊区的马家堡火车站与永定门。然而，第二年义和团运动爆发，这些还未投入运营的有轨电车便在一片"灭洋"声中被毁坏殆尽。

1904 年，香港开通有轨电车。此后设有租界或成为通商口岸的各个中国城市，相继开通有轨电车。

中国大陆第一个开通有轨电车的城市是天津。1904 年由比利时世昌洋行开始修建。1906 年 6 月，天津市第一条公交线路白牌环城有轨电车开通运营，成为中国大陆第一个建设和运营有轨电车的城市。

上海于1908年3月在英租界静安寺外滩开通有轨电车。此后，日本和俄国相继在大连、哈尔滨、长春、沈阳、抚顺开通有轨电车线路。北京市内的有轨电车在1924年才开通。

1907年上海，工人们在铺设有轨电车铁轨

1908年上海开通有轨电车

此后，随着汽车业的兴起和发展，有轨电车逐渐显出劣势：不但噪声大、性能差、耗电多，而且在速度、舒适度和灵活性方面与汽车比较也相形见绌。到 20 世纪 30 年代至 50 年代中期有轨电车便逐渐衰落了。六七十年代，为了给发展迅速的私人轿车让路，有轨电车相继在欧洲许多城市下马。上海南京路上最后一班有轨电车，也于 1963 年 8 月完成了历史使命。

5 星光散布——全国各地纷纷办电

电力的应用无论是对社会生产还是人们生活都产生了重大影响。善于学习的中国人逐步接受了电力，并迅速应用在煤矿、工厂及家庭照明上。

1879 年 9 月 9 日，清末重臣左宗棠"师夷长技以制夷"而建的福建马尾船政开始试用电灯，当时的《字林西报》《北华捷报》均有报道。9 月 27 日，外交报纸《新报》刊登"船政试用电灯"的消息。北京同文馆学生把它译成中文送到总署，让清廷知道。这是中国自己试验用电照明之始。

1885 年，马尾船政不但已经使用电灯，连舰船上都使用上了探照灯。1885 年 12 月，船政制造的铁胁快船"镜清"号配备电照明，在瞭望台添配双灯电机一副，"以烛黑夜，防雷艇之暗劫也"（裴荫森奏文）。其作用：一是远距离照明，二是防止敌鱼雷暗中袭击。这也是中国军舰第一次使用

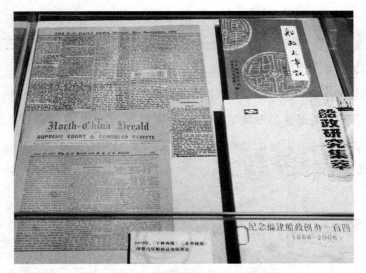

1879 年 9 月，《字林西报》《北华捷报》
报道马尾船政试用电灯消息

探照灯。

1888 年 7 月，两广总督张之洞从国外购入 1 台发电机和 100 盏电灯，安装在广州衙门旁发电，供衙门照明。

1888 年，台湾巡抚刘铭传在台北市东门创立兴市公司，建设电灯厂，从国外购进蒸汽发电机组，建成发电。随后，刘氏曾计划在台北市附近的淡水河支流新店溪，开发建设龟山水电站，甫见端倪，却因 1891 年离任而搁浅。该水电站直到 1895 年日本侵占台湾后才续建，于 1905 年建成发电，装机容量 500 千瓦。它是中国国土上最早的一座水电站。

1890 年，美国旧金山的华侨商人黄秉常，禀准两广总督张之洞在广州开办电灯厂。他在美国华侨中集资40万元，筹办广州电灯公司。两台100马力发动机和两台100马力交流发电机（每台可供电灯750盏）购自美国威斯汀豪斯（西屋）电气公司。1891年，广州沿街、店铺和公共场所共装电灯700盏。这是民族资本经营电业之始。这一年，北洋大臣李鸿章委托德国人修建的北洋水师旅顺大石船坞电灯厂竣工发电，该电灯厂共装大小电灯49盏，供修船时照明。

1892年，闽浙总督卞宝第奏设长门山炮台，也配上探照灯，时称电光灯。探照灯以其独特的亮度、远程烛照，形成夜空的一道亮丽景色。人们因此把长门山炮台叫作电光山炮台。

1905年，官商联营的华商电力公司在正阳门内的顺城街成立，为官府、街道、商店的8000余盏电灯供电，从此实现了城市大规模路灯照明。据史料记载，北京城最早安装电灯的私人用户是安定门内菊儿胡同的怀塔布，其人在戊戌变法后曾任左都御史兼内务府大臣。随后，东厂胡同荣禄名下的宅院也装上了电灯。1909年，已经有600多户官员的住宅用上了电灯。随后几年，京城的富户人家都陆续用上了电灯。

1882～1911年，英、法、德、日、俄等国商人，在各国政府支持下，在上海、香港、广州、天津、北京、大连、青岛、汉口等20余座城市，相继兴建了约30座电灯厂（公司）。与此同时，中国官僚、民族资本工商业者，在上海、宁波、杭州、福州、汕头、苏州、镇江、芜湖、武昌、重庆、成都、昆明、开封、长沙、济南、烟台、太原、吉林、满洲里、齐齐哈尔以及台湾台北等30余座城市也相继开办了40多座电灯厂（公司）。

1905 年前全国各地创办的发电厂

年份	厂名	所在地	创办者	资本
1882	上海电气公司	上海	英国人立德尔	白银5万两
1889	香港电灯厂	香港	英国商人	600万港元
1901	中国电力公司	香港	英国商人	500万港元
1901	宁波电灯厂	宁波	中国商人	1.4万元
1902	振恒昌电灯厂	奉贤	中国商人	3万元
1902	汉口水电厂	汉口	宋炜臣	300万元
1902	大连发电所	大连	俄国人	200万元
1902	天津法商电灯厂	天津	法国商人	白银8.5万两
1903	青岛电灯厂	青岛	德国商人	200万马克
1904	大照电灯公司	镇江	郭鸿诏	约28万元
1904	烛川电灯公司	重庆	尹德钧	30万元
1904	福建辉华电灯公司	福州	林炳章	10万元
1904	京师华商电灯有限公司	北京	华商官办	180万元
1904	上海华商电灯公司	上海	华商官办	10万元
1904	启明电灯公司	成都	华商官办	30万元
1904	华昌电灯公司	汕头	方仰欧	10万元
1904	天津电车电灯公司	天津	比利时世昌洋行	25万英镑
1905	粤垣电灯公司	广州	美商旗昌洋行	25万英镑
1905	旅顺电气作业所	旅顺	日本人	
1905	烟台电灯公司	烟台	孙可选	21万元
1905	济南华商电灯公司	济南	刘恩驻	
1905	营口水道电气会社	营口	日本人	48.7万元
1905	东清铁路发电厂	哈尔滨	俄国人	
1905	焦作矿区发电厂	焦作	英国人	

1905 年哈尔滨投产的东清铁路发电厂

延伸阅读

上海关于电灯的争论

在中国电力发源地的上海，在 1882 年公共租界内的发电厂正式运行一段时间后，就电力的应用产生了一场不大不小的争论。当时社会舆论有两种不同的声音：有识之士称电灯为"奇异的自来月"，咏诗加以赞赏；清政府上海道台却认为"电灯有患"，如有不测，将焚屋伤人无法可救，并于 1882 年 11 月下令禁止中国人使用电灯，还照会英国领事馆，要求停用电灯。

电力事业在租界内快速发展，而在租界外却是禁区。每当夜幕降临，租界里华灯齐上，照如白昼，而一旁的老城厢却依旧点着油灯，昏天黑地。如此鲜明的反差，越来越让上海的父母官们感觉颜面扫地。1897 年秋，上海道台蔡钧与上海县令黄承暄商定，决意效仿租界，创设电厂。

黄承暄选中十六铺附近老太平码头（今老太平弄）的一块空地，拨银4000两，由南市马路工程善后局（1894年成立的市政工程机关）负责搭建厂房，另从英商沪北怡和洋行租来一套发电机，一家小型发电厂就这样因陋就简地完成组建，取名南市电灯厂。随后，马路工程善后局又仿照租界的办法，用洋松木制成电杆，沿着新辟的外马路（今中山南路）树起30盏路灯。

1898年1月21日傍晚时分，黄承暄率领县衙大小官吏来到电灯厂，观看试灯。这天正巧是除夕夜，外马路上的30盏电灯一同放光，顿时"照耀通明"，"几疑朗月高悬"，上海老城厢从此迎来电气时代的曙光。

科普小贴士

直流电与交流电

把一节电池的头（正极）对着另一节的尾（负极）装在手电筒中，手电筒就亮了。如果倒过来，头对头或尾对尾，手电筒就不亮。这是因为电池所产生的电流总是朝一个方向流动，所以叫作直流电。

现在通过输电线或电缆送入家中的电，不是直流电，而是交流电。因为这种电流的方向是按一定规律变化流动，故被称为交流电。

尽管交流电"变化多端"，但它比起直流电来，有一个最大的优点，就是可以使用变压器，根据需要来升高或降低交流电电压。发电厂产的电，都要输送到很远的地方供用户使用，电压越高，输送中损耗越小。当电压升高到3.5万伏或22万伏，甚至高达50万伏时，输送起来就更加经济。无论什么地方要使用电，为适应其特定的用途，又都得把电压降低。例如家庭用电只要220伏，而工厂常用380伏等。

直流电也有它的优点，直流电动机的调速性能高，能在重负载下启动，所以开动电车用直流电比较好。另外像化学工业上的电镀也需要用直流电。

为了适应各种电器的特定用途，交流电也可变成直流电，这叫整流。一些半导体收音机或录音机都可用外接电源，即通过一个方块形装置，把交流电变成直流电来使用。降压的装置叫变压器，整流用的装置叫整流器。

二 坎坷前行（1912～1949）

1911 年的辛亥革命，推翻了封建王朝。1912 年资产阶级共和国——中华民国成立。从中华民国成立到抗日战争前夕，中国民族资本主义工业逐步发展，国外电力技术得到引进，电力工业发展较快。但由于列强侵略和外国资本挤压，这一时期电力发展道路艰难坎坷。发展的重点区域仍然是上海和沿海省份以及铁路沿线、长江口岸，同时扩展面几乎覆盖全国各省。

上海是中国电力工业的发源地，也是电力工业发展最快的地方，1911 年，上海电力工业的发电设备容量仅为 0.875 万千瓦，到 1936 年已发展到 26.62 万千瓦、年发电量 10.07 亿千瓦时，不但为全中国之冠，而且称雄远东。

从全国情况来看，这一时期中国电力工业发展特点如下。

民族电力工业有了较大扩展，除青海、新疆、内蒙古外，办电热潮已遍及全国各省，官办、商办、官商合办的电厂和电力公司如雨后春笋般在各地建立。到 1936 年，除日本占领下的东北三省和台湾省外，各地的电力工业（含外资经营者）

共有大小公用发电厂461个，发电设备容量63.12万千瓦，年发电量17.24亿千瓦时。其中中国经营者（含中外合资4家），总容量35.59万千瓦，年发电量7.73亿千瓦时；外资经营者10个，总容量27.53万千瓦，年发电量9.51亿千瓦时。

中国的公用电厂得到快速发展，从1911年的发电设备容量2.7万千瓦，发展到1936年的63.12万千瓦，25年中增长了约22倍，平均每年增加装机2.42万千瓦，这个发展速度在当时的条件下是比较快的，背后则是外国资本及技术装备的大量输入，以及民族电力工业的奋起。

中国的电力工业在技术装备上有显著进步。按发电原动机类型来分析，1912年以前，中国的发电原动机大都为蒸汽机、煤气机、柴油机。第一台汽轮发电机组于1907年安装在上海新中央电站，容量为800千瓦。随着技术的进步，至1936年，汽轮发电机组在国内得到普遍应用，汽轮机组发出的电量占全国年发电量的近92%。其余类型机组，如蒸汽机组发电量占1%，柴油机组发电量占6%，煤气机组发电量占1%，水轮机组发电量占比小于1%。与1912年以前的起步阶段相比，这个时期的电力技术进步是比较大的，然而，这种技术进步是建立在国外技术装备输入的基础上，中国的电力技术发展几乎是一片空白。

中国的水力发电虽已起步，但其发展极其缓慢，除云南起步早外，仅在四川、福建、山东、山西、西藏等省（自治区）建了几个小型水电站，对于水能资源十分丰富的中国来说，不能不说是件憾事。

从 1937 年七七事变开始到 1949 年 10 月 1 日新中国成立，中国的电力事业处于风雨飘摇之中。到 1949 年年底，全国的发电设备容量共有 184.86 万千瓦，年发电量 43.1 亿千瓦时。这就是旧中国电力工业的全部"家当"。

1 兴办实业——民族电力工业起步

电力工业的发展，离不开资本和技术两大要素。电力工业发展初期，西方列强依仗不平等条约，为了掠夺中国的资源和财富，从上海开始，进而在各通商口岸到处投资建厂。与此同时，中国的一部分商人和清朝官员也开始投资于新式工业，官办、官督商办、商办的电厂如雨后春笋般迅速兴起，力图与西方国家在华办电厂一争权益。然而，这时的中国民族资产阶级还处于幼年时期，对于电力这个新兴工业缺乏经营管理经验，再加上西方国家加紧对华资本输出，竞争异常激烈，导致有些华商电力企业亏赔殆尽，以致关厂停业，或被外资兼并。至 1911 年辛亥革命时，民族电力工业只剩下京师华商、汉口既济、上海华商等十几家较大的企业，发电设备容量合计 1.2 万千瓦，而外国经营的约有 20 多家，合计 1.5 万千瓦。

从 1912 年中华民国建立，到 1936 年抗日战争爆发前夕，中国的电力工业获得了较快的发展，这其中民族资本功不可没。从全国来看，除青海、新疆、内蒙古外，官办、商办、官商合办的电力企业在各地纷纷建立，已遍及全国各省。以上海为例，1911 年末，上海公共租界工部局电气处兴建的江边电厂开工，上海法商电车电灯公司不断发展，至 1936 年拥有发电设备 2.832 万千瓦。这一时期，上海的民族电力工业在与外资电业抗衡中也发展很快，1918 年上海内地电灯公司与创办于 1912 年的上海华商电车公司合并，组成上海华商电气股份有限公司，并扩充装机，到 1936 年装机容量增加到 1.6 万千瓦。上海闸北水电公司在 1936 年的装机容量为 3.2 万千瓦。1919 年创办的上海浦东电气公司到 1936 年也发展到 600 千瓦的装机规模。

上海浦东电气公司昔日景象

电力工业是技术密集型行业，关键技术的突破，始终是推动电力发展的重要因素。西方列强在对中国电力工业投资与掠夺的同时，也带来了国外先进的电力技术。国民政府资源委员会的成立，开始了对国外电力技术较大规模的引进。

1935年4月成立的资源委员会是当时国民政府的最高电力管理机构,从其名称看,电力工业的发展已经得到了高度重视。资源委员会的最大贡献,是较系统地培养了一批电力管理和技术人才,实现了有计划的技术引进,奠定了中国电力发展的基础。

资源委员会是国民政府时期经济运行的一个重要组成部分,管理着从重工业到轻工业,包括电力、钢铁、机械、化工等一系列工业部门。

抗日战争时期,资源委员会迅速扩张,成为国民党国营企业的主管机构。1938年3月,资源委员会正式改组后,成立了秘书、工业、矿业、电业四个处,可见电力的规模和地位在不断扩大。

抗日战争胜利后,资源委员会接管了日本长期在中国用强迫劳动和强制吞并所建立起来的庞大工业,控制了全国的重工业。伴随着重工业的发展,这一时期的电力工业开始由电源点向电网发展。为满足电力发展需求,国民政府在华北成立了冀北电力公司,包括北平(现北京)、天津、唐山三个分公司。还在台湾成立了台湾电力公司,

新中国成立前夕,资源委员会内部在不断分化,这一时期再难有大的作为,其中的一部分人去了台湾,更多的人选择留在了大陆,为新中国电力工业的发展做出了贡献。

资源委员会积极开展对外合作,所签署的规模最大的两个技术引进合同,是与美国西屋电气公司(以下简称"西屋公司")和摩根·史密斯水轮机公司(以下简称"史密斯公司")签订的。从1945年2月起,资源委员会就派人同西屋公司就技术合同原草案印本,逐章逐段地进行直接谈判。双方商

定，在合同期的头五年，西屋公司接受中方派遣培训人员不超过300人。这些受培训的人员将被安排在西屋公司的有关合同产品的工厂内，学习工程设计和制造技术以及管理工作。西屋公司提供相应的建筑和工程服务，以及新厂的设备布置详细设计平面图等。这些派去学习的人员，后来绝大多数参与了新中国成立后的机电工业和电力工业的建设，并发挥了骨干作用。

史密斯公司是20世纪三四十年代美国四大著名水轮机制造厂家之一。在资源委员会与西屋公司签订合同的同一年，也与史密斯公司签订了技术转让合同。根据合同，资源委员会先后派员到该公司实习，这些人回国后在东北电工局和第一机械工业部电工局受到重用，对中国水电工业的发展做出了贡献。

1944年，在资源委员会派人赴美考察并与西屋公司洽商合作之时，美国政府派驻重庆战时生产局的专家编写了一份报告，建议在长江三峡建造一个大型水力发电厂。1946年春，美国内务部水利垦务局表示愿意协助中国做三峡工程设计。在资源委员会的主持下，三峡水力发电计划初步实施，并用两年时间完成了三峡工程计划报告和设计图纸的原始积累。

2 发电鼻祖——百年老厂"石龙坝""杨树浦"

中国是一个水力发电资源十分丰富的国家，据统计，中国的江河水能理论蕴藏量为6.91亿千瓦，每年可发电6万多亿千瓦时，可开发的水能资源约3.82亿千瓦，年发电量1.9万亿千瓦时。不论是水能资源蕴藏量，还是可开发的水能资源，中国在世界各国中均居第一位。1949 年之前，中国的电源结构比较单一，只有常规火电和常规水电两种，而且火电占有绝对优势。1936 年，水电比重还不及全部装机容量的1%，到1949 年新中国成立时，水电比重仅占到全部电力装机容量的8.82%。其中，1912 年投产发电的云南昆明石龙坝水电站，为祖国大陆第一座水电站，是中国水力发电事业的开端。

1908 年前，法国人在云南勘察资源，发现了石龙坝河段的水力资源，并以滇越铁路到达昆明，昆明南站急需用电为由，向滇省政府提出要求建设该电站。云南省当局因利权所在，且受当时中国人民掀起的设厂自救、收回权利、抵制洋货等反帝爱国运动的影响，不敢将建设电站之权交给法国商人，于是准备自筹资金，责令劝业道刘岑舫先生主持。滇省政府初拟官督商办，后商界无人响应，继而提出官商合办，但"商界仍不理睬"。当时估计需银 25 万～30 万两。因银款甚巨，集资困难，商界对官方办业不存信心。

当时的云南巨商王小斋，在国内各大城市都设有独资经营的"同庆丰"商号，他眼界开阔，在云南经济界很有影响力，出于民族自尊心，怕法国人插手，乃主动同德商各洋行联系，获两个德国工程师的协助，坚定了建厂的信心。

昆明地处西南边陲，与内地交通历来闭塞，但与外国的交往方便，历史上早有经海防出海的通道。1910 年4 月1 日，滇越铁路全线通车，从越南海防至昆明854 公里，当时行车时间37 小时，是国外港口到中国内地的捷径，为水电站设备运输提供了方便。

在滇越铁路昆明段通车之前，各国商社即纷纷到昆明筹建机构，把洋行、医院、学校、教堂等机构设立到昆明、蒙自等地。当时昆明设立的洋行就有英国的"其昌"、美国的"慎昌"、德国的"礼和"和日本的"保田""府上"等。在石龙坝电站筹建期间，各洋行争揽生意，美"慎昌"和德"礼和"洋行竞争尤为激烈。结果"礼和"做成了这笔生意，承担机器设备供应以及勘测、设计、施工、安装和运行管理技术，并签订了合同，从而为石龙坝电站的建设和云南耀龙电灯公司的创立提供了设备、器材和技术条件。

电站建设的资金，依赖于巨商及一部分在职、卸职的官吏和军人，他们都以商股的名义参加，实质上是把一部分商业资本或高利贷转入工业。当时的劝业道和巡警道，就将45220元的巨款，以商股形式投入企业。当时的《商办云南耀龙电灯公司股东宣言董事答辩书合刊》中说："劝业道和巡警道在先所提之款，一并作为商股，此后凡官家入股一律同商股看待。"1924年，电站扩建并新建第二级电站。1933年王小斋病故后，由于企业负债累累，被迫合并改组，由商办转为官办。到1938年之后，企业并入云南的缪云台、陆崇仁财团。电站建设资金始由商会总协理王小斋、陈德谦等担保借款40余万元，而当时股金收入仅12万元，建设一厂共耗资50余万元。虽然筹款历尽艰辛，然终为商办自筹资金兴建中国第一座水电站做出了贡献。1912年4月，石龙坝水电站全部工程完成，开始运行发电。

20 世纪初期的石龙坝水电站发电机组

在过去很长的一段时期，中国发电方式和电源构成比较单一，不像今天有核能发电、可再生能源发电、风力发电、太阳能发电、生物质能发电等多种类型，当时的主力电源就是火力发电，其燃料主要是煤和油。至今，火力发电仍是电源结构的骨干，发挥着基础性作用，到 2014 年年底，中国火力发电装机容量占比仍为 67.28%，在今后相当长的一个时期内，火电仍将是中国电源的主力。

始建于 1908 年的上海杨树浦发电厂，其变迁就是一部浓缩的中国电力工业史。

上海公共租界内的电力事业开始由租界工部局经营。1908 年，工部局提出建设杨树浦电厂计划，1911 年 9 月工程开工，安装 1~4 号 4 台英国制造的锅炉和 1、2 号两台各 2000 千瓦德国制造的汽轮发电机组，1913 年 4 月 12 日电厂落成发电，总容量为 4000 千瓦。1915 年，电厂容量增至 14000 千瓦，租界内的电厂容量合计 19600 千瓦。翌年，装机容量未有增加，而最高负荷竟增至 19167 千瓦。因正值第一次世界大战期间，机器材料一时不能运到，杨树浦电厂设备不敷应用，大感困难，迫不得已，只好对大电力用户加以时间上的限制。由此可见，在电力发展的历史上，供电与缺电几乎是相伴发生。缺电，正是电力得以发展的原动力，这便是正确认识缺电现象的辩证法。

1917 年，缺电更加严重，所幸 11 月间杨树浦电厂投产一台美制 1 万千瓦机组，得以应付缺电情况。1923 年，杨树浦电厂总容量迅速增至 12.1 万千瓦，共运行 10 台机组，此时的杨树浦电厂为远东第一大电厂。

1927 年，杨树浦电厂外景

1929 年，杨树浦电厂又添置 2 万千瓦机组两台，至此全厂总容量达 16.1 万千瓦，由 1913 年始建时的 4000 千瓦，发展到 1929 年的 16.1 万千瓦，16 年间增长 39.3 倍，其经营盈余 16 年间增长 19.4 倍。在当时的历史背景下，电力大多处于外商操纵之下，国人备受剥削。但从杨树浦电厂也可看出电力这一新生产力的快速发展以及商业化运营带来的巨大活力。

抗日战争期间，杨树浦电厂遭到严重破坏。抗战胜利后的1945年9月17日，电厂交由美商经营。美商上海电力公司立即进行电厂设备整修。1948年，在被炸的11号机位置安装一台瑞士制造的2.5万千瓦机组。此时，全厂共有欧美各国制造的锅炉23台、汽轮发电机15台，除已废弃不用者外，全厂容量共19.85万千瓦，年发电量10.42亿千瓦时，分别占上海全市的78%和81%，占全国发电量的10%以上。

新中国成立后的1950年2月6日，美蒋对上海的轰炸，使杨树浦电厂受到严重破坏。2月7日12时，陈毅市长、潘汉年副市长到现场视察。在政府的大力支持下，经全厂职工的努力，被炸42小时后电厂就开始恢复供电，到3月底，发电能力恢复到8万千瓦。1950年12月30日，中国人民解放军上海市军事管制委员会受命，对美商上海电力公司实行军事管制。1952年年底，发电设备容量恢复到20.85万千瓦。1954年，电厂更名为上海杨树浦电厂。翌年，发电容量达到21.62万千瓦。

经过历次扩建、拆迁和废弃，到1990年，全厂有9台锅炉、14台汽轮发电机组，总容量26.15万千瓦，成为兼有发电、供热、变电功能的现代化电厂，百年老厂焕发了青春。

1948年，杨树浦电厂容量和发电量分别占上海全市的78%和81%，到1990年则分别下降为5.6%和5.1%，新中国电力事业发展之快可见一斑。

3 农电先驱——戚墅堰电厂开电力灌溉先河

中国是一个农业大国，实现农业现代化是基本任务，一般约定县及县以下的电力供应通称农电。虽然今天中国已进入城乡一体化阶段，但发展现代农业首要任务仍是保障电力供应。中国供给农业用电之始，为江苏戚墅堰电厂。该厂于1921年在北洋政府交通部以股份有限公司立案注册，规定资本总额为币银250万元，实收150万元，而华股不过56万余元，德商西门子洋行股份实占多数。厂址在江苏戚墅堰镇车站以西，占地200余亩，面临运河，取水方便。最初设备为西门子、克虏伯两厂合造之3200千瓦汽轮发电机两台。供电范围西至武进，东至无锡，3.3万伏输电线路约长38公里。该厂自1925年起创办农田电力灌溉，初期9000亩，后逐步扩充至65000亩，大多数在武进城东南一带乡区。每亩每年平均需要电量约10千瓦时，收费每千瓦时洋7分5厘，除各种经营费用外，厂方实得4～5分。其后应武进市民之请，电厂将邻近江阴之芙蓉圩，加设杆线用于排水。因芙蓉圩地势低洼，积水不易以人力排泄，秋冬无法种麦。利用电力之后，积水即可迅速排出，化潦为田；而电厂方面则扩大了用户，实为两利。

此后相当长一段时期，由于战乱以及农村经济发展缓慢，农电发展也较迟缓。20世纪60年代后，中国农村电气化事业才真正得到快速发展。电力的应用在推进农村经济发展、实现农村社会进步中发挥了巨大作用。与当初引电力入农业为提升生产力所不同，今天的农电已成为农村文明和农业发展的基础，承担起更为重要的社会责任。

4 平津联网——开启远距离送电时代

电网是电力传输的载体，没有电网的联结，电力只能完成点对点的供应，无法满足更多用户的用电需要。电网的发展，是电力工业实现规模发展的必然结果。今天，中国电网已进入特高压、远距离输电时代，不但实现了全国联网，还通过电网实现了与俄罗斯、中亚国家以及东南亚国家的电力贸易。

在全国的区域电网中，京津唐电网因其所处地位、供电对象而被认为是最重要的电网。追溯历史，该网始于中国最早的电网——平津唐电网。

19世纪30年代以后，平津地区电力需求快速增长，仅仅依靠点对点供电，已难以满足要求。1941年12月，天津第一发电厂至塘沽的77千伏送电线路和塘沽77千伏变电站建成投运，这是华北首次建成的77千伏输变电设施。1942年2月完成了北平南苑变电站至天津第一发电厂及平津间77千伏线路，由天津向北平送电。1944年11月，由塘沽经汉沽至唐山发电厂的线路升压77千伏运行，加上1940年形成的以石景山发电厂为主力电厂的北平77千伏电网，正式形成平津唐电网，结束了平津唐地区电厂单独运行的局面，并初步形成了后来的京津唐电网的雏形。

5 统一标准——电气工业发展规范化

河水之所以能够流动，是因为有水位差；电荷之所以能够流动，是因为有电位差。电位差也就是电压，电压是形成电流的原因。电力工业发展之初，是以近距离点对点的供电方式为主，其中又以供应照明用电或工矿企业自备用电居多。如 20 世纪 20 年代中期，全国共有工矿自备电厂约 110 多家，尚未形成今天以电网为载体、大面积、远距离送电的行业特点。因此，电压、频率是各不相同的，这也是因发电设备的不同而不同。伴随电力工业的快速发展，一点多面供电、联网供电成为行业发展趋势，不同的电压和周波成为制约发展的技术因素。

1929 年，国民政府公布《民营公用事业监督条例》（以下简称《条例》），《条例》规定建设委员会为电气事业的中央主管机关，并特设全国电气事业指导委员会，主管电气事业发展，并按年编制出版统计资料。

全国电气事业指导委员会成立后，面对电气事业开创之初，电压及频率颇有分歧之乱的现状，认识到统一标准的重要意义，于 1930 年公布电气事业的电压和周波标准规则，严格推行。已有设备不合格者，督促其逐渐整改，新上电力设备则要求严格按标准规则办理。同时，建设委员会也特别注意统一用户端电压，采用 380/220 伏标准，此项措施对中国统一采用周波 50 赫兹，实现技术和管理的标准化打下了良好的基础，这也是中国电力工业最早的行业标准。

6 红色电力——革命根据地的电力建设

为了更有效地领导抗日战争，八年抗战期间，中国共产党领导的八路军、新四军和游击队在敌后开辟了广大的解放区，在有条件的地方积极开展电力建设工作，红色电业有了初步发展。

1941年，中共中央在延安阎店子创建发电厂，尽管发电功率只有3千瓦，但数十个无线电台的联络范围一下子扩展到了国统区乃至苏联，这也成为中国共产党领导电力事业的开端。

后来因为军工生产和通信的需要，八路军在山西长治建起了刘伯承电厂。1942年春天，刘伯承、邓小平带领八路军129师的官兵，在河北涉县西北清漳河的赤岸村，建设了一座10千瓦木制水轮机发电站，赤岸也因此成为中国北方地区最早通电的村庄之一。

刘伯承电厂投产时全厂职工合影

1948 年 1 月，由晋察冀边区军民建设的平山县沕沕水水电站投产，容量 194 千伏安（155 千瓦）。朱德总司令剪彩并亲自开闸放水发电，此水电站被誉为"边区创举"。1949 年 3 月 5 日，中共中央在西柏坡召开了党的七届二中全会，沕沕水水电站给会场送来了一片光明。1948 年河北省曲阳县建成葫芦汪火电厂，装机 650 千瓦。这些电厂的建设，开启了红色电力的建设历程，对解放战争胜利做出了贡献。

7 电动升旗——天安门前第一面五星红旗的升起

北京使用电能比较晚，而且早期只有清宫廷和外国驻华使馆有条件使用，主要是官办和外国商人办电。1905 年，商部正式批准成立京师华商电灯有限公司。该公司在前门西城根（今前门西大街北京电力公司地址）建设发电厂，1906 年 11 月 25 日正式对外供电营业。这座初期容量仅为 300 千瓦的发电厂，是北京公用电力事业发展的起点，后经过两次扩建，到 1912 年装机容量达到 3035 千瓦。

随着用电负荷的增加，前门发电厂受水源和储煤场地的限制，在市中心扩建已无可能。几经周折，京师华商电灯有限公司最后选择在石景山西北临永定河处兴建新厂，始称石景山发电分厂，就近燃用门头沟煤矿的京西无烟煤。电厂于 1919 年 8 月动工兴建，新装 1 台 2000 千瓦汽轮发电机和 3 台锅炉，1921 年 10 月正式发电，1922 年 2 月向京城送电。随着机组的陆续拆除迁往石景山新厂，前门西城根旧厂便完成了它的历史使命。石景山发电分厂陆续扩建，到1936年共装有机组5台，低压炉12座，发电容量为32330千瓦。

20世纪30年代，石景山发电分厂外景

1940年2月，石景山发电分厂被易名为北京发电所。抗日战争胜利后，国民政府资源委员会接管电业，成立冀北电力公司，北京发电所改为北平发电所。1947年发电所开始与津唐电网77千伏输电线路联结，共有发电容量5.5万千瓦。输电线路有33千伏和77千伏两个电压等级，成为当时华北地区最大的发电厂。但由于设备陈旧、技术落后，长期疏于维修保养，管理混乱，停电事故频发，市民讥喻其为"黑暗公司"。1948年12月，石景山发电厂获得解放，生产得到迅速恢复和发展。

1949年8月，石景山发电厂承担了盛典的供电任务，天安门广场电动升旗的设备则由北京市供电局负责。为了保证天安门广场上第一面五星红旗电动升旗的万无一失，北京市供电局设计了双路电源的供电方案，保证如果这路坏了，另外一路电源马上就能接上，保证毛泽东主席在天安门城楼上一按电钮，下面的红旗就徐徐升上去。面对这样十全十美的设计，当时到现场检查开国大典筹备工作的北京市市长聂荣臻还是说："不行，万一两个都停电，万一机器设备都损坏了呢。"聂荣臻提出，还得派人守在旗杆下，预备一个手动的绳子，万一毛主席一按电钮不起作用，赶紧让这个人把红旗拉上去。程鸿年就是当年站在五星红旗下的那名电力职工。他手中准备好的那根绳子，最终没有派上用场。

1949年10月1日，随着毛泽东主席在天安门城楼上按动电钮，天安门前第一面五星红旗由电力驱动冉冉升起、猎猎飘扬。新中国成立了，中国电力也翻开了新的篇章。

三 艰苦创业（1950～1978）

1949 年 10 月 1 日，随着"中国人民从此站起来了"的一声响彻云霄的宣言，中国的电力工业也迎来了蓬勃发展的大好时期。

20 世纪 50 年代初的新中国百废待兴、百业待举。在经过 3 年卓有成效的国民经济恢复之后，1953～1957 年，新中国开始了第一个五年计划。以苏联援建的 156 项大型工程中的 23 项火力发电工程为中心，在阜新、抚顺、吉林、西安、郑州、太原、包头、重庆、武汉等地兴建了一批骨干电厂。在水电方面，水电勘测开发规划工作开始，改建了丰满水电厂，新建了狮子滩、古田溪、官厅等水电厂。

在电网建设方面，新中国第一条自行建设的丰满至李石寨 220 千伏高压输电线路在 1954 年建成；东北电网、京津唐电网、上海电网等几个区域电网的形成，为国家经济建设提供了源源不断的动力。"一五"计划取得巨大成功后，中国的装机容量从世界排名第 21 位一下子跃升为第 12 位，年发电量从第

1954 年 4 月 12 日，毛泽东视察官厅水库建设工程

25 位跃升为第 13 位。中国的电力事业呈现出蒸蒸日上的良好局面。

　　"二五"及此后的经济调整期，中国虽受到"大跃进"、三年自然灾害和苏联撤走专家等天灾人祸的严重影响，电力工业的建设、生产却仍然取得了长足的发展。第一台国产火电机组、第一条跨越长江的 220 千伏高压输电线路就是在这期间建成投运，全国 10 万千瓦以上的电网已由 1957 年的 7 个增加到 1962 年的 22 个。更值得一提的是，农电事业获得了空前的发展，全国一半以上的县都通了电。

　　"文化大革命"期间引发的内乱，给整个国民经济和电力工业造成的损失无法估量，全国 33 个电网有一半以上的地区拉闸限电，严重影响了国民经济的发展和人民生活水平的提

**新中国第一条自行建设的丰满至李石寨 220 千伏高压
输电线路在 1954 年建成，全长 369.25 千米**

高。令国人欣慰的是，在全体电业人的共同努力下，排除一切
干扰，国产发电设备获得较快的发展，第一台国产 10 万 ~ 30
万千瓦汽轮发电机组、第一台 30 万千瓦水电机组先后投入
运行。

从 1949 年新中国成立到 1978 年 12 月中共十一届三中

全会召开，新中国走过了近 30 年的历程。这 30 年，是中国人民在风起云涌的变革中，以伟大的气魄战胜艰难险阻，迅速崛起的 30 年；是坚持自力更生、奋发图强，有计划地进行社会主义经济建设，取得巨大成功的 30 年；是经受外部经济封锁和内部磨难，百折不挠，在不断探索中奋进的 30 年；也是中国电力工业开始起步和获得较快发展的 30 年。

1 冲锋号起——"一五"期间电力一路高歌

1949 年以前的旧中国满目疮痍。尽管中国电力工业自 1882 年起步以来，已经有 67 年的历史，但留下的"家当"却只是一个电厂凋零、设备残旧、电网瘫痪、运行维艰的烂摊子。到 1949 年年底，全国发电装机容量 184.86 万千瓦，年发电量 43.10 亿千瓦时；全国 35 千伏及以上输电线路 6475 千米、变电容量 346 万千伏安，全社会用电量 34.60 亿千瓦时，人均年用电量仅为 7.94 千瓦时。

新中国成立后，全国电力企业和广大电力职工在中国共产党和人民政府的领导下，从 1950 年起，开始进行 3 年的电力工业恢复工作。1950 年 2 月，燃料工业部召开了第一次全国电业会议，确定了恢复时期的基本方针与任务："保证安全发供电，并准备有重点地建设两三年内工业发展所需的电源设备"。在此总方针下，大力改造技术和管理制度，经过全行业职工的共同努力，至 1952 年，残缺设备基本恢复了铭牌出力，生产运行逐步正常，各项经济技术指标有所好转。1949~1952年发电标准煤耗由1020克/千瓦时降低到727克/千瓦时；发电设备年利用小时由2330小时提高到3800小时；供电线损率由23.35%降低到11.29%。同时，原定两三年内增加32万千瓦发电容量的电力建设任务也超额完成。

新中国在电力恢复建设中涌现出一批表现突出的劳动模范。1950年9月25日，全国战斗英雄代表会议和全国工农兵劳动模范代表大会在北京召开，毛泽东主席代表中共中央在开幕典礼上祝词。19名电力劳模出席，他们是卢会卿、汪登瀛、李秀俊、李世海、王生宝、杨如坤、聂旦芝、高登科、王芝琴、游德铭、刘德珍、张世宝、赵庆夫、刘金良、史五元、王凯山、林师尧、周文彬、刘英源。

毛泽东接见为修复北京石景山电厂6号汽轮发电机组
做出突出贡献的检修工人、全国劳动模范刘德珍

会后，燃料工业部部长陈郁及电业管理总局领导与电力劳模合影。在照片中，劳模们坐在前排，而陈郁部长等领导站在了他们身后。

燃料工业部及电业管理总局领导与电力劳模合影

　　在国民经济逐渐恢复的基础上，国家于1953～1957年实施第一个五年计划，开始了大规模的经济建设。在实施"一五"计划中，电力工业在火电建设上，以苏联援建的156项大型工程中的23项火力发电工程为中心，在阜新、抚顺、吉林、西安、郑州、太原、包头、重庆、武汉等地兴建了一批骨干电厂；同时，利用已有资源条件，积极进行水电开发，改建了丰满水电厂，新建了狮子滩、古田溪、黄坛口、上犹江、溪流河、官厅等水电厂。1954年成立了黄河规划委员会，1956年成立了长江流域规划办公室，开始了中国最大的两河开发规划工作。1954～1958年，国家先后两次进行了全国水能资源的普查，为下一步开发水电打下了基础。

我国第一个梯级水电站——福建古田溪水电站，由 4 个梯级
电站组成，图为 1960 年建成的一级水电站大坝

　　"一五"计划实施取得了巨大的成功，全国新增发电机
组容量 246.9 万千瓦，1957 年发电装机容量 463.5 万千瓦，
年发电量达 193.35 亿千瓦时，世界排名分别从 1949 年的第
21 位和第 25 位，上升到 1957 年的第 12 位和第 13 位。全社
会用电量达 164.07 亿千瓦时，人均用电量达 30.28 千瓦时。
在"一五"计划期间，建设了一批 6000 千瓦、1.2 万千瓦
中温中压和 2.5 万千瓦高温高压汽轮机组，3000 千瓦、
6000 千瓦等小型水轮机组，并恢复丰满 6.5 万千瓦大型水
轮机组。

　　在进行电源建设的同时，电网建设与改造也开始起步。
"一五"期间，随着供电范围的扩大和送变电工程的建设，全
国各地的高压电力网有了发展。1954 年年初，新中国第一条

自行建设的丰满至李石寨220千伏高压输电线路建成，同年，架设于北京至天津之间的第一条110千伏线路正式投入运行。至1958年，全国初步形成了东北电网、京津唐电网、晋中电网、南（南京）锡（无锡）常（常州）电网、合肥电网、上海电网、闽北电网、鲁中电网、郑洛电网、赣南电网，陕甘川滇也围绕省会城市形成了电网。联网提高了供电可靠性，扩大了供电范围，在主要的经济区域内奠定了动力基础，为完成"一五"计划做出了贡献。

1949～1957年，新中国电力工业不仅在生产能力上得到了快速发展，技术装备水平也有了提高，更重要的是培养了一大批有能力、懂技术、会管理的电力生产、建设人才，建立起了自己的设计、施工、运行和管理队伍。至1957年，电业基本建设队伍有11万人，其中工程技术人员有9000多人；电业生产队伍有4万多人，其中工程技术人员有8600人。初步建立起适应社会主义计划经济的电力工业管理体制，各项规章制度也相应建立起来，基建与生产秩序井然，新生的人民电业展现出发展迅速、蒸蒸日上的局面。

2 曲折前行——电力"大跃进"与调整

1958～1965年的8年间，新中国的电力工业经历了第二个五年计划和调整时期。1958年1月，中共中央召开了南宁会议，会议提出以"水主火从"作为发展电力工业的建设方针，并在组织上确定将电力工业部和水利部合并为水利电力部。1958 年 5 月，党的八大二次会议后，在全国各条战线迅速掀起了"大跃进"的高潮。

在"二五"计划执行中，前 3 年的电力发展速度是空前的。1958～1960 年新增火电机组 563.02 万千瓦，仅 1959 年就新增 324.86 万千瓦，涌现出一批进度快、工效高的工程。建成了高井、吴泾、黄台和新安江等一批设计施工质量比较高的新电站。同时，还创出了几个全国"第一"。1958 年 8 月国产第一台 1.2 万千瓦机组（空冷型）在重庆电厂投产发电；同年 12 月国产第一台 2.5 万千瓦发电机组在上海闸北发电厂投产；1959 年国产第一台 5 万千瓦机组在辽宁电厂发电；1960 年 1 月国产第一台中压凝汽轮发电机组，在上海闸北发电厂发电，其发电机为双水内冷式；1960 年 2 月武汉建成第一条跨越长江的 220 千伏高压输电线路。

1960 年发电设备容量达到 1191.83 万千瓦，发电生产能力上了"1 千万"的新台阶，发电设备容量 3 年平均增长率达到 37%。3 年发电量年均增长率达到 46%，1960 年发电设备容量年均增长率达到 46%。但这些数字是有较大水分的，是需要"填平补齐"的。"大跃进""反右倾"严重失衡，破除规章，不按科学精神办事，大量工程不得不下马，损失浪费大，对生产力造成严重破坏。

从"二五"期间电力工业的综合发展情况来看，虽然遇到不少困难和挫折，但由于 1961 年 1 月，中共八届九中全会提出了"调整、巩固、充实、提高"的八字方针，电力工业在"二五"计划的后两年，按照"八字"方针进行调整和整顿，仍然取得可观的成绩，主要表现在年发电量和发电设备容量继续成倍增长，5年的发电量年均增长率为22.5%，发电设备容量年均增长率为24.3%，均高于"一五"计划时期的增长率。电力工业技术装备的现代化水平有了很大提高，国产2.5万千瓦、5万千瓦汽轮发电机组和7.25万千瓦水轮发电机组相继投运。全国设备容量10万千瓦以上的电网由1957年的7个增加到1962年的22个，最大电网（东北的南部电网）的设备容量已达到317万千瓦。

1963～1965年是国民经济的调整时期。这期间，电力行业继续贯彻"八字"方针，完成了215万千瓦发电设备的填平补齐工作，使已有的1300万千瓦发电设备达到基本上安全满发。尽管基建规模缩减了，3年中的发电设备容量年平均增长率只有5%，但由于采取填平补齐措施提高了已有发电设备的发电能力，使3年中的发电量年均增长率仍达到14%的较高水平。

至1965年末，全国拥有发电设备容量1507.63万千瓦，年发电量676.04亿千瓦时，其中火电装机容量为1205.67万千瓦，年发电量为571.9亿千瓦时；水电装机容量为301.96万千瓦，年发电量为104.14亿千瓦时。主要技术经济指标：发电标准煤耗477克/千瓦时，供电标准煤耗518克/千瓦时，厂用电率6.98%（其中水电0.207%，火电7.98%），供电线损率7.31%，设备年利用小时4920小时（其中水电3728小时，火电5217小时）。

新中国成立后的16年时间，电力工业取得了显著进步，年发电量和发电设备容量在世界上的排名均提升到第九位。

3 蹉跎岁月——"文革"期间的电力工业

1966 年,"三五"计划正要开始执行,"文化大革命"爆发了,这场运动持续了 10 年之久。"文革"时期,也正是执行"三五"和"四五"计划时期,电力工业在动乱的困境中,排除干扰,曲折发展。

"文革"初期,电业职工绝大多数仍坚守岗位,积极工作,使 1966 年的发电量完成 825. 22 亿千瓦时,较 1965 年增加 149. 18 亿千瓦时,年增长率达 22. 07%;新增发电设备容量 194. 12 万千瓦,年增长率为 12. 88%。

1967 年"文革"掀起"全面夺权",1968 年又搞"革命大批判",使电力生产建设受到严重打击,产量下降,建设范围缩小。

这时,在电力生产上,一些合理的规章制度被视为"管、卡、压",致使许多生产环节出现无章可循的状况,正常的生产秩序遭到破坏。在电力建设上,1965 年从备战出发提出的"靠山、分散、隐蔽"方针,给电力建设带来很大的后患,给若干工程造成不可弥补的损失和浪费。

虽然整个电力工业和全国一样处在动乱之中,但由于电业职工恪尽职守,排除干扰,在"三五"计划后两年的生产与建设中都有所恢复。至 1970 年,全国发电量为 1158. 62 亿千瓦时,5 年平均增长率 11. 4%(其中水电 14. 5%,火电 10. 8%)。1970 年年底,全国拥有发电设备容量 2377 万千瓦,比 1965 年增加 869.37 万千瓦，5 年平均增长率仅为 9.58%。在"文革"初期年装机容量下降，导致许多地区出现严重的缺电局面，对国民经济发展和人民生活的影响非常突出。

为解决严重的缺电矛盾，1970 年 5 月 26 日，水电部军管会召开全国电力工业增产节约会议。会议提出，"铭牌出力，不可逾越"是"专"了我们将近 20 年"政"的洋教条。1970～1972 年，要实现"老厂一厂变一厂半，新厂快马加鞭，能力翻一番，全国县县都有电"。据不完全统计，1971～1974 年，有 6000 千瓦以上的 38 台，计 112 万千瓦发电设备，因强制推行"一厂变一厂半"，造成严重损坏。

1971～1975 年，电力工业执行"四五"计划，在坎坷道路中前进，仍获得一定的发展。1975 年邓小平主持党中央和国务院日常工作后，开展整顿工作，为支持电力发展，专门发出了国发（114）号文件《国务院关于加快发展电力工业的通知》和国发（159）号文件《关于批准〈跨省电网管

1969 年 9 月 21 日，由上海电机厂生产的中国第一台 12.5 万千瓦超高压汽轮发电机组在吴泾电厂投产

理办法〉的通知》。这两个文件对排除障碍、指导和促进电力发展发挥了重大作用。各电力企业认真贯彻国务院文件，广大电力职工发扬爱厂敬业精神，维护电力生产安全稳定。至1975年年底，全国拥有发电设备容量4340.6万千瓦，5年新增容量为1963.6万千瓦，年均增长率仍达12.8％。发电设备取得长足发展，国产10万～30万千瓦的第一台汽轮发电机组相继投运，1967年10万千瓦高压机组在高井电厂投运，1969年12.5万千瓦超高压机组在吴泾电厂投运，1972年20万千瓦超高压机组在朝阳电厂投运，1973年30万千瓦水轮发电机组在刘家峡水电站投运，1974年30万千瓦亚临界压力烧油机组在望亭发电厂投运。这些在当时高参数、大容量国产机组的投运，标志着中国的发电设备从制造到发电生产上了一个新的台阶。

刘家峡水电站于1975年建成，可蓄水57亿立方米，年发电量
57亿千瓦时，是中国第一座百万千瓦级水电站

1966～1978 年，各电网都有程度不同的扩大，有许多电网已经逐步发展成为以 220 千伏线路为骨干的全省统一电网或跨省电网。其中西北电网是发展较快的跨省电网，1972 年中国第一条 330 千伏线路（刘家峡至关中）建成，开始逐步形成了陕甘青电网。

4 列车电站——哪里需要就到哪里

1959 年 10 月 1 日，共和国迎来了 10 岁生日。就在 5 天前，从东北平原传来发现特大型油田的消息。喜庆之际，人们为这座城市起了个特殊的名字——大庆。

一场轰轰烈烈的大会战，在大庆油田展开。这是共和国石油资源开发的拓荒之战。大庆开发，电力先行。可在这片荒原上，只有两台设备状况不良的 1500 千瓦发电机组，根本满足不了油田开发的需要。

紧要关头，被誉为"电力战线轻骑兵"的列车电站，昼夜兼程，驶向这片千里沃野，担负起为油田开发供电的使命。列车电站，顾名思义，是一种将发电设备安装在列车上的移动电站。新中国成立之初，中国即将几台快装式机组改装成列车电站。1956 年列车电业局成立，统一管理全国的列车电站。

大庆会战激战正酣，列车电站的安全运行成为头等大事。1960 年 11 月，一次外力导致的电站紧急停机，竟然惊动了水电部、石油部和铁道部。大庆油田和列车电业局抽调精兵强将，紧急抢修。此时，刚刚停烧的锅炉还处于五六十摄氏度的高温状态，电站职工把草袋子用水浇湿后披在身上，轮流钻到炉膛里边抢修。烟熏火烤下，许多工人被烤焦了眉毛。汽轮机的检查也遇到了麻烦。原来，按常规拆装汽轮机车厢盖和管道，需要几天的时间。万一汽轮机设备有问题，电站不能及时供电，输油管道里的石蜡将完全凝固，油田只有等到第二年5月才能恢复生产。

情况紧急，石油部领导亲自部署力量，指挥抢修。经过再三研究，列车电站决定采取非常规办法，对汽轮机进行检查。仅仅一周时间，列车电站就恢复了供电。

事后，立下赫赫战功的列车电站功臣们，受到了和铁人王进喜一样的礼遇。当时列车电站的站长周国吉，享受和王进喜一样的待遇，开大会坐在主席台上，也戴上了大红花，也骑马在整个萨尔图转了一圈。细心的人们发现，参加完"群英会"后，周国吉突然消失了，原来他和列车电站的工友们一起，来到了青藏高原的原子弹试验基地，在那里一待就是4年，原子弹爆炸成功后，又转战到了其他急需用电的地方。

为适应新的发展形势，1982年列车电业局撤销。30年间，列车、拖车和船舶电站已发展到80余台，列车电站机动灵活、频繁迁徙，在全国29个省（区、市）的数百个地点，为煤炭、石油、钢铁、森林、水电、军工等众多行业，以及支前、救灾等特殊需要提供了应急电源。目前电力系统已有更多、更高级的机动电源，它们在应急救灾和重大活动保电中承担任务。

内蒙古扎赉诺尔供电的第九列车电站职工合影

5 水电往事——水资源普查与"三门峡""刘家峡""新安江"

　　新中国成立之初，水电被提到重要议程。1950 年 8 月，第一次全国水力发电工程会议在北京召开。朱德总司令出席会议并讲话。会议决定成立全国水电建设的统一管理机构——水力发电工程局。1954 年 12 月，燃料工业部副部长刘澜波带队到苏联进行了长达 3 个多月的考察学习，了解了苏联水电建设的经验教训，收集了规程规范资料。这些经验教训、资料为新中国水电建设提供了借鉴。

　　1954～1955 年进行了第一次全国水能资源普查工作，接着又在 1956～1958 年进行了第二次普查。同时，在 1954 年组成了黄河规划委员会，1954 年 2 月，水利部和燃料工业部组成以李葆华、刘澜波为正副团长，有苏联专家参加的黄河查勘团，对黄河 3300 多公里的河道进行了勘察，当年 10 月，编制完成了《黄河流域综合利用规划技术经济报告》（以下简称《技经报告》），拟定了梯级开发方案，并选定以三门峡和刘家峡水电站作为第一期工程。

三门峡位于河南陕县黄河中游下段干流上，因河中石岛分流为人门、神门、鬼门而得名。1955 年 7 月，全国人大一届二次会议通过了《关于根治黄河水害和开发黄河水利的综合规划的决议》。三门峡工程是综合规划中最重要的工程。同年 12 月 6 日，国务院常务会议决定组建三门峡工程局，调任湖北省省长刘子厚为工程局局长。1956 年，长江流域规划办公室成立，对长江干、支流综合开发着手进行规划。在此期间，国家对淮河、海河、辽河、珠江、资水、浣水、汉江、岷江、乌江等流域的开发也开始进行规划。

1957 年 4 月 13 日，黄河干流上第一个大型工程——三门峡水利枢纽工程开工。1958 年 12 月截流，1961 年 4 月枢纽工程基本竣工，首台机组投产，不久因泥沙问题停止运行。经过 20 世纪 60 年代中期至 70 年代初期两次改建，三门峡水利枢纽工程于 1978 年最后建成。作为全面治理开发黄河的第一次重大实践，它具有特殊的意义。

1957 年初，三门峡水利枢纽初步设计审查会召开，有专家对前一年苏联设计的《三门峡水利枢纽工程初步设计要点报告》（以下简称《初步设计》）提出了强烈的不同意见。《初

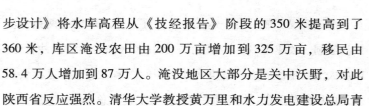

步设计》将水库高程从《技经报告》阶段的 350 米提高到了
360 米，库区淹没农田由 200 万亩增加到 325 万亩，移民由
58.4 万人增加到 87 万人。淹没地区大部分是关中沃野，对此
陕西省反应强烈。清华大学教授黄万里和水力发电建设总局青
年技术员温善章于 1956 年 6 月、1956 年 12 月和 1957 年 3 月，
先后向黄河规划委员会、水利部和国务院提出了低水位、少淹
没、多排沙的意见。黄万里并建议切勿将底孔堵死，以备将来
泄水排沙，起减缓淤积的作用。陕西省代表指出，用迁移 70
万～80 万人口的代价换来一个寿命只有 50～70 年的拦沙库，
群众很难通过。

　　争议还在继续的时候，1957 年 4 月 13 日，三门峡工程已
经正式开工。4 月 14 的《人民日报》发表了《大家来支援三
门峡啊!》社论。其间，周恩来等党和国家领导人多次到工地
视察。1960 年 9 月三门峡首次蓄水，到 1961 年 4 月大坝主体
基本竣工，1962 年 2 月第一台 15 万千瓦机组和 110 千伏开关
站安装完成并投入试运行。

　　从 1960 年三门峡水库首次使用到 1962 年 3 月，一年半中，
水库中已经淤积泥沙 15.3 亿吨，远远超出预计。潼关高程抬高
了 4.4 米，并在渭河河口形成拦门沙，渭河下游两岸农田受淹
没和浸没，土地盐碱化。为此，1962 年 2 月，水电部将原来的
"蓄水拦沙"运用方式改为"滞洪排沙"。但由于泄水孔位置较
高，仍有 60% 泥沙淤积在库内，而下泄的泥沙由于水量少，又
淤积到下游河床。周恩来总理指出：这样下去，"淹了关中，也
救不了下游"。1964 年 12 月 5 日至 18 日，周恩来总理亲自主持

召开治黄会议。最后终于达成一致，确定在左岸增建两条泄流排沙隧洞，改建5~8号4条原发电引水钢管为泄流排沙管道，以加大泄流排沙能力，解决泥沙淤积的燃眉之急。在这次会议上，周恩来总理说："当时决定三门峡工程就急了点。头脑热的时候，总容易看到一面，忽略或不太重视另一面。"

黄河干流上的三门峡水电站外景

刘家峡水电站是根据第一届全国人大二次会议通过的《关于根治黄河水害和开发黄河水利的综合规划的决议》，按照"独立自主，自力更生"的方针，自己勘测设计、自己制造设备、自己施工安装、自己调试管理的国内第一座百万千瓦级大型水力发电站。

1952年秋至1953年春，北京水力发电建设总局（简称"水电总局"）和黄河水利委员会（简称"黄委会"）组成贵（德）宁（夏）联合查勘队，对龙羊峡至青铜峡河段进行查勘，初步拟定在刘家峡筑坝。1954年3月，由有关部门负责人和苏联专家共 120 余人组成的黄河查勘团，对黄河干支流进行了大规模的查勘，自下而上，直至刘家峡坝址。苏联专家认为，兰州附近能满足综合开发任务的最好坝址是刘家峡。1954年黄委会编制的《黄河技术报告》确定刘家峡水电站工程为第一期开发重点工程之一，并拟定刘家峡水电站枢纽正常高水位1728 米（实际建成高程为 1735 米）、总库容 49 亿立方米（实际建成为 57 亿立方米）、有效库容 32 亿立方米（实际建成为 41.5亿立方米）、最高大坝高 124 米（实际建成 147 米）。电站装机10 台（实际装机 5 台）、总装机 100 万千瓦（实际装机 122.5 万千瓦）。刘家峡水电站枢纽任务是发电、灌溉和防洪。1955 年 7月，第一届全国人民代表大会第二次会议通过《关于根治黄河水害和开发黄河水利的综合规划的决议》要求采取措施，完成刘家峡水电站工程的勘测、设计工作，保证工程及时施工。

1958 年，水电部成立刘家峡水力发电工程局（现为水电四局），承担刘家峡和盐锅峡两个水电站的施工任务，拟定了"两峡同上马，重点刘家峡，盐锅峡先行，八盘峡后跟"的施工方案。刘家峡水电站工程于 1958 年 9 月 27 日正式动工兴建，当时是 156 个重点项目之一，1961 年因经济调整缓建，1964 年复工。那时候的建设方针是"先生产，后生活"，刘家峡水电站施工条件异常艰苦。当时的重点任务之一是打导流洞，这个导流洞断面为 13 米×13.5 米，总长度 1021 米，工程局组织了两个开挖队对着打。任务重、工期紧，职工们克服了不少困难，日夜奋战，取得月进尺 100 米的好战绩，经过 15个月的艰苦奋战，导流洞终于打通了。1966 年汛前建成上游围堰，从而使电站基坑具备常年施工条件。1966年4月20日，刘家峡水电站拦河大坝第一块混凝土开盘浇筑。

1966年3月19日，时任党中央总书记的邓小平一行视察刘家峡水电站。邓小平总书记说，没想到工程搞得这么快，搞得这么好！到1969年8月，拦河大坝全部浇筑完毕。1968年10月15日电站下闸蓄水，第一台机组于1969年3月29日并网发电。1974年12月，5台机组全部安装完毕投产发电，电站竣工。至此，全国第一座装机容量百万千瓦以上大型水电站胜利建成。1981年，刘家峡水电站被评为优秀设计和优质工程，获全国优秀工程设计奖。工程总投资6.38亿元，总造价5.11亿元，单位千瓦投资521元，单位千瓦造价417元。

位于库区大夏河与黄河交汇处的莲花镇是原永靖县城所在地，水库蓄水后淹没，县政府机关迁至刘家峡大坝下游三公里处的小川。水库尾端，始建于西秦建弘元年（420）的炳灵寺石窟是国务院首批公布的全国重点文物保护单位，是全国六大石窟之一。为保护文物古迹和旅客安全，电站施工期间浇筑了防护堤坝。1985～1986年刘家峡水电厂和甘肃省文化厅共同投资，由水检公司负责设计施工，又进行了加固处理。

新安江水电站是新中国第一座自行设计、自制设备、自己施工建造的大型水利发电站，是中国水利电力事业史上的一座丰碑。电站建成投产于1960年，至今已安全稳定运行50多年。

1959年9月，大坝比计划提前15个月封堵最后一个导流底孔，水库开始蓄水。1960年4月、5月，第一、二台机组分别提前20个月发电；同年9月，220千伏新安江—杭州—上海高压输电线路架通，华东大电网开始形成。1965 年 12 月，电站工程竣工。新安江水电工程施工期，包括准备工程在内，共46 个月。浙江境内水库淹没耕地 30.98 万亩，移民 29.15 万人，工程总投资 4.57 亿元。新安江水电站以发电为主，兼有防洪、灌溉、抗咸顶潮、航运、渔业、林业等社会经济效益。电站建成后，年平均发电量达 19.6 亿千瓦时，同时为电网调峰、调频，防洪减灾做出了重大贡献。电站建成前，常因山洪暴发，江水陡涨，新安江两岸田淹房毁，人民深受其害；电站建成后，避免和减轻了下游 30 万亩农田的洪涝灾害。新安江水库淹没了 85 座山，形成了大小岛屿 1078 座，被称为"千岛湖"。最大的岛为界首岛，面积 1320 公顷，最小的岛为龙珠岛，面积仅 0.24 公顷。千岛湖蓄水量为 178.4 亿立方米，湖水平均深度 34 米，湖中岛屿森林覆盖率达 82.5%，年平均气温 17°C，水温 14°C。为建设新安江水电站，淳安、遂安两县人民做出了重大牺牲。淳安县境内的 13 个村于 1957 年 3 月 10 日开始首批移民，至 1971 年 6 月，淳安、遂安两县共淹没 49 个乡镇，1377 个自然村，移民累计 29.41 万人，其中在县内安置的 82544 人，在省内桐庐、富阳、德清、金华、常山、兰溪等 14 个县安置的约 14 万人，安置在江西省 64680 人，安徽省 5630 人，其他省市 1293 人。

水电站大坝之西，就是千岛湖，是因建水电站而形成的人工湖（新安江水库）。新安江水电站控制流域面积 10442 平方千米，占新安江流域面积的 89.4%。水库具有多年调节性能，设计正常高水位 108 米，相应面积 580 平方千米，水库总库容为 220 亿立方米。1959 年，周恩来总理为新安江水电站题词：
为我国第一座自己设计和自制设备的大型水力发电站的胜利建
设而欢呼！

新安江水电站外景

6 自力更生——国产火电机组发展的历程

新中国成立后，首先恢复受战争破坏的工业基地的火电
厂，如鞍钢、锦西、阜新、抚顺、大同、太原等。为了发展中
国发电设备制造业，上海和哈尔滨分别建立了锅炉、汽轮机和
电机制造厂，并从捷克引进了 0.6 万千瓦和 1.2 万千瓦火电机
组制造技术，从苏联引进了 2.5 万千瓦和 5 万千瓦火电设备制
造技术。而此前中国的机组制造技术是一片空白。

1956 年，国产第一台 6000 千瓦火电机组，在淮南电厂投运。事情起源于 1953 年 11 月 12 日，华东电业管理局通知，为开发淮南煤炭资源，经燃料工业部决定，将国产第一套 6000 千瓦汽轮发电机组安装在田家庵发电厂。淮南电业局随即成立新机筹建处。1954 年 1 月 29 日，华东选厂委员会决定，

国产第一台 6000 千瓦汽轮发电机组，1956 年在安徽
田家庵发电厂投产，1993 年退役

在田家庵发电厂老厂房南侧扩建新机厂房，燃料工业部确定第一期扩建工程为4机4炉。工程由燃料工业部电业管理总局设计管理局华东电力设计分局设计，电管总局第九工程公司承建施工国产第一台机组，主厂房面积为3157平方米，实际完成总投资2748万元。

1955年1月10日，水泵房工程开工，土方开挖和混凝土浇灌工程施工时最低气温为－13℃，施工人员克服困难，用人工保温措施完成了地下部分工程，接着各辅助建筑工程相继开工。

同年4月1日，主厂房工程破土动工，锅炉、汽机、管道、电气等安装准备工作也全面展开。8月23日，1号锅炉开始安装。10月15日，1号汽轮发电机组安装就位，两台7500千伏安主变压器亦相继安装就位。年底，1号机炉安装基本完成，开始分部试运转和系统调整。1956年2月，机组进入72小时满负荷试运行。1956年2月29日，田家庵发电厂国产第一台6000千瓦汽轮发电机组试运行，比国家下达的计划任务书规定日期提前3个月。

1958年，国产第一台2.5万千瓦火电机组在上海闸北电厂投运。

1967年，国产第一台10万千瓦机组在北京高井电厂投运。

1969年，国产第一台12.5万千瓦火电机组在上海吴泾电厂投运。

1972年，国产第一台20万千瓦火电机组在辽宁朝阳电厂投运。

1974年，国产第一台30万千瓦燃油机组在江苏望亭发电厂投运。

1974 年，江苏望亭发电厂外景

1975 年，国产第一台 30 万千瓦燃煤机组在河南姚孟电厂投运。

望亭发电厂成立于 1958 年，一期工程装机 8.8 万千瓦，二期工程装机 11.2 万千瓦。1974 年和 1976 年，发电厂相继建成两台 30 万千瓦燃油机组，其中 1974 年投运的 12 号机组是中国第一台投产的国产 30 万千瓦机组。

7 浴火重生——唐山大地震后的陡河发电厂

1976 年，是中国历史上令人难以忘却的一年。这一年的 1 月 8 日，敬爱的周恩来总理离开了我们。同年 7 月 6 日，敬爱的朱德委员长也与世长辞。就在人们还沉浸在巨大的悲痛中的时候，7 月 28 日，一夜之间，一场大地震把华北重镇唐山夷为平地。

突如其来的灾难，又一次考验着电力人。陡河发电厂一、二期工程是 20 世纪 70 年代国家重点工程项目，主要设备是从日本引进的。地震之前的 4 月 14 日，1 号机组已正式移交生产；地震发生时，2 号机组刚刚开始试运行。

此时，陡河发电厂值班的 55 名员工，有 14 人牺牲在工作现场。失去亲人和同事的电力职工，一边搭建简易房屋，一边开始在废墟中重建陡河发电厂，被地震拦腰折断的那根大烟囱，很快又被重新接上。在大地震中，唐山地区共有 3782 名电力职工及家属不幸遇难，包括参与陡河发电厂建设的西北电建公司的职工。1975 年，根据水电部、陕西省委的指示，西北电力建设第一公司 2000 多名职工从秦岭沿山路转战到唐山陡河工地，承担电站一期任务，在"7·28"唐山大地震中，478 名职工及其家属遇难，长眠异乡……（该数字来自厂方统计。另有一说为 581 人）据经历过"7·28"的人说，当时，厂部派人到陡河上游拉水，但仍供不应求，没办法，许多职工、家属纷纷到厂内冷却塔汲取残留的循环水，又造成痢疾患者增多，到了 8 月 2 日，在其他单位的帮助下，陡河发电厂修复了一台深井水泵，解决了职工和附近群众的生活用水。职工在小学操场上集体做饭，又从粮站、食堂的废墟中扒出粮、油，加上救援物资源源到来，渐渐缓解了粮、油的供给。

发电厂和输变电系统遭到严重破坏，损坏发电设备 110 万千瓦，输配电线路 128 条 1724 千米。京津唐电网解列，唐山市电力供应全停。地震当天，北京电管局成立抗震抢修指挥部，局领导赶赴现场，组织抢修。第二天，一条 110 千伏线路修复，唐山市区开始通电。痛失 2/3 职工家属的第 52 列车电站，以柴油发电机供电启动深井泵，为废墟中受酷暑饥渴煎熬的市民送上清凉的井水。14 天后，唐山电厂一台机组恢复发电。在全国各地的大力支援下，仅用 4 个月，唐山用电就恢复到震前水平。

1976 年地震，15 人牺牲在生产岗位上，严重受伤者 198人。职工家属震亡 852 人，21 户全家遇难，130 名不满 18 岁的职工子女成为孤儿。80％的变电站和输电线路支离破碎，80％的建筑物夷为废墟……刚刚投产的 1 号汽轮机厂房天车梁以上部分破坏严重，1 台 75 吨重的桥式起重机掉了下来。

1977 年 7 月 28 日，唐山大地震一周年的纪念日。就在这一天，陡河发电厂奇迹般地站了起来，1、2 号机组陆续恢复了发电。后来它一度成为中国最大的电厂，发电量连续八年位居全国第一位。

唐山大地震后投产的陡河发电厂，发电装机容量 155 万千瓦

四 改革发展 (1979～2002)

1978 年党的十一届三中全会后，中国实行对内改革、对外开放的政策，社会生产力得到很大程度地解放，形成了经济高速发展的新局面。

改革开放后很长一段时间里，中国经济以年均 9.98% 以上的速度增长，电力作为经济发展的"先行官"，各行各业需求旺盛。改革开放前和改革开放初期，电力行业一直实行集中统一的计划管理体制，实际上是电力主管部门"独家办电"。投资主体单一、投资不足，且运行机制僵化，效率低下。僧多粥少，导致各省（自治区、直辖市）为了发展经济争抢总量有限的"电力蛋糕"的状况。

当时，各地生产、生活用电得不到保证，全社会饱受缺电之苦。人们对拉闸限电司空见惯：有可能一家人正围坐在餐桌旁用晚餐而突然停电，有可能学生正在教室里专心写作业而突然停电，有可能工人正在车间认真劳作而突然停电……总之，停电没商量。为了应对突如其来的停电，那时，几乎每家每户都随时备有蜡烛、煤油灯及手电筒等。

为了解决国民经济高速增长带来的缺电问题，进入 20 世纪 80 年代后，如何千方百计筹集资金，多建电厂、多发电成为全国电力行业的首要任务。

国家通过电力投资体制改革以及相关政策的引导，充分利用社会集资、外资和征收电力建设基金，调动中央、地方及各方面办电的积极性。由此吸引了大量非中央政府投资主体进行电力投资，并引进国外先进技术和设备，发电企业规模迅速扩大，电力工业得以快速发展。

1 集资办电——"两分钱"彰显大智慧

当时，全国到处缺电、随时停电的根本原因是电厂数量太少、发电总量有限，发出来的电远远满足不了生产、生活的需求，要解决这个矛盾就必须多建电厂、多发电。

建厂需要资金，仅靠以往国家单一的投资办电渠道，严重不足。相关职能部门在实践中认识到，必须尽快改革，破除"一家办电"的模式，多渠道、多方式筹集电力建设资金。通过向用电企业征收每度电"两分钱"的电力建设基金，就是当时的一个亮点，彰显了电力投资体制改革的大智慧。

山东龙口电厂首开集资办电先河。中国电力体制改革是以投融资体制改革为先导的，为了解决建设资金瓶颈，1980 年，电力部在"电力工业十年计划汇报提纲"中，提出了利用部门与地方、部门与部门联合办电、集资办电及利用外资办电等办法来解决电力建设资金不足的思路。

1981 年，在总投资 2.05 亿元的山东龙口电厂一期工程中，由中央和地方各出一部分资金建设，中央投资部分从国家计划内解决，地方投资部分通过社会集资解决，主要包括从地方国有企业、乡镇企业、生产大队集资，此次共集资 1.45 亿元，占一期总投资的 70.73%。

山东龙口电厂是中国第一家采用社会集资与国家投资共同兴办的电厂，它打破了电力部门"独家办电"的传统模式，实行中央和地方合作，并初步试探了股份制办电，为如何加快中国电力工业发展闯出了一条新路。龙口电厂模式很快在全国推广。

龙口电厂为筹集建设资金发行的股票

征收"两分钱"电力建设基金从试点到全国推开。20 世纪 80 年代中期，华东电网为解决该地区长期缺电的局面，进行了电力建设基金试点，这项举措后来被推广到全国。

1983 年 8 月，上海经济区规划办公室第一次会议召开，水电部代表苏哲文向大会提议：采用提高工业用电电价的办法，征收电力建设资金。该提议得到了大会的高度重视，规划办公室决定，成立电力规划小组，由上海经济区规划办公室主任王林担任组长兼顾问，对工业用电征收电力建设基金进行可行性研究。规划小组按照工业行业类别，按不同提价幅度对产品成本进行分析，经过大量测算后得出结论：除部分耗电企业外，一般工业每度电提价两分钱，产品成本增加仅 1%~2%，不少轻纺和化工企业仅占其成本的千分之几。而如果集资办电 100 万千瓦，多发电 45 亿~50 亿千瓦时，可增加总产值上百亿元。所以，征收建设基金的方案是可行的，随后开展了试点工作。

在上海试点的基础上，1984 年 9 月 18 日，国务院批准，从 1985 年开始，江苏、浙江、安徽和上海采取工业用电提价的办法，征收电力建设基金。从 1982 年开始酝酿到 1988 年，短短 6 年时间，整个华东电网征收电力建设基金的工作取得成功：集资电厂的建设规模逐步扩大，集资带来的发电量逐年增加，占全网新增容量的 50% 左右，大大缓解了华东电网缺电的局面。

1987 年 9 月，国家计委、国家经委和水电部联合召开加快电力发展座谈会，决定把华东征收电力建设资金的办法推向全国。1987 年 12 月 21 日，国务院发文批转了《关于征收电力建设资金的暂行规定》，决定从 1988 年 1 月 1 日起，对全国所有企业征收电力建设基金，其标准为每度电 2 分钱。同时规定，该基金随电费缴纳，单立账户，专款专用。

2 利用外资——电力建设进入快车道

利用外资是电力工业集资办电、拓宽资金筹措渠道的重要方式。20 世纪 80 年代初，为了解决中国长期的缺电矛盾，在国内集资办电逐渐兴起后，利用外资办电也被提到了议事日程。

1983 年，广东省提出了一份由港商出资建设沙角 B 厂的报告。水电部计划司两位工作人员，受到这份报告的启发，向国务院分管领导写报告，提出组建电力开发公司、利用外资办电的建议。他们在忐忑不安的等待中，终于等来了好消息：时任国务院副总理李鹏将信批转给国家计委副主任黄毅诚，请他研究落实利用外资发展电力的意见。就在这封建议信提出一个月后的 1984 年 12 月 8 日，李鹏召集有关部门的负责人，专门研究利用外资加快电力建设问题，并形成了会议纪要。随后，决定由黄毅诚副主任负责利用外资组建华能国际电力开发公司（以下简称"华能国际"）的工作。

华能国际利用外资效果显著

1985 年 6 月 24 日，华能国际电力开发公司在北京西苑饭店正式成立。作为中国电力改革利用外资的"窗口"，华能国际被定位为自主经营、自负盈亏、自我发展、自我约束的经营主体和法人实体，实施开发、建设、运营、管理一体化的自主开发模式。从成立伊始，华能国际就"直追"发达国家进行电力建设，采用世界先进设备和技术，从基建、运营到管理，都按照市场经济的方式运作。

华能国际在成立后的 8 年时间里，充分利用国内外资金和设备，实施"高速度、高质量、低造价"的建设方针，在全国各地，主要是东南沿海地区首批建设了总容量 500 万千瓦的发电厂。8 年时间，华能国际共完成投资 307.45 亿元，利用外资 88 亿元，占当时全国电力工业利用外资的 40% 以上。

1988 年国务院批准组建中国华能集团，1994 年华能国际成为境外上市企业的试点，发起设立了山东华能发电股份有限公司和华能国际电力股份有限公司，同时在纽约证券交易所上市发行股票。目前，华能国际是纽约、香港、上海三地上市的企业。

华能国际投资的第一座电厂——大连电厂外景

"鲁布革冲击波"

1984 年 4 月，中国驻美大使章文晋代表中国政府与世界银行签订协议，世界银行向中国鲁布革水电站贷款 1.454 亿美元。这是中国第一个利用世界银行贷款并率先实行国际招标建设的国家重点工程。

鲁布革水电站位于云南省罗平县和贵州省兴义县境内，在南盘江支流黄泥河上，距昆明市 320 千米。"鲁布革"是中国少数民族布依族语的汉语读音，"鲁"是民族的意思，"布"是山清水秀的意思，"革"是村寨的意思，"鲁布革"的意思就是山清水秀的布依族村寨。鲁布革水电站在 1981 年 6 月，由国家批准建设，装机容量为 60 万千瓦。

鲁布革水电站外景

根据中国与世界银行的协议，鲁布革水电站工程的引水隧洞必须实行国际招标。在招标中，中国施工企业第一次以承包商的身份与外国承包商一起参加竞标。在中国、日本、意大利、美国等 8 国承包商的竞争中，日本大成公司以比中国与外国公司联营体投标价低 3600 万元而中标。大成公司派到中国来的仅是一支 30 人的管理队伍，从中国水电十四局雇了 424 名劳动工人。他们开挖 23 个月，单头月平均进尺 222.5 米，相当于中国同类工程进度的 2～2.5 倍；在开挖直径 8.8 米的圆形发电隧洞中，创造了单头进尺 373.7 米的国际先进纪录。日本大成公司施工的高效率引起了社会各界的关注与思考，形成了强大的"鲁布革冲击波"。

1988 年 12 月 27 日，鲁布革水电站第一台机组正式并网发电，比计划提前了 3 个月。1991 年电站全部竣工。1992 年 12 月，大坝建设获得鲁班奖。日本大成公司带到工地的不只是先进的掘进机械，更重要的是带来了一套先进的管理方法，就是现在所称的项目法施工。1987 年 6 月，全国施工工作会议提出，全面学习、推广鲁布革经验。建设部等 5 部委选择了 18 家大型施工企业，推广鲁布革管理经验，作为第一批综合改革的试点。

"鲁布革冲击波"掀开了中国水电建设新的一页。自 1986 年开始，全国水电建设行业全部实行业主负责制、建设监理制、招标承包制三项制度，结束了计划经济下自营体制的历史。

3 高峡平湖——从葛洲坝到三峡工程

长江三峡西起重庆奉节县白帝城，东至湖北宜昌市南津关，全长 193 千米。沿途两岸奇峰陡立、峭壁对峙，自西向东依次为瞿塘峡、巫峡、西陵峡。长江三峡段，坡度陡，落差大，峡长谷深，不但水利资源丰富，又有优良的坝址，是建设大型水利枢纽工程的理想地点。

1918 年，孙中山在《建国方略》一文中提出了建立三峡工程的原始设想："当以水闸堰其水，使舟得溯流以行，而又可资其水力"。

新中国成立后，1950 年 2 月长江水利委员会成立，着手开展对长江的综合治理，1955 年开始全面开展长江流域规划和三峡工程勘测、科研与计划工作，1957 年年底基本完成。1970 年 12 月 26 日，长江葛洲坝工程被批准兴建，这是有计划、有步骤地为建设三峡工程做实战准备。

长江干流上修建的第一座大型水电工程——葛洲坝工程

葛洲坝位于长江三峡西陵峡出口、南津关以下 3 千米处的湖北宜昌市境内，长江出三峡峡谷后，水流由东急转向南，江面由 390 米突然扩宽到坝址处的 2200 米。由于泥沙沉积，在河面上形成葛洲坝、西坝两岛，把长江分为大江、二江和三江，大江为长江的主河道，二江和三江在枯水季节断流。

修建葛洲坝工程的构想，最初是作为三峡水利枢纽的配套工程提出的。1959 年，长江流域规划办公室（以下简称"长办"）完成了选择葛洲坝上游 40 千米处的三斗坪作为坝址，修建三峡水利枢纽的全部设计。考虑到三斗坪建坝后，三峡水电站在枯水调峰运行时泄水量时多时少，会使下游河段内的水位忽高忽低，给航运带来不利，所以要修建葛洲坝反调节航运梯级，同时接住长江这 40 千米的水头发电。葛洲坝不仅仅是三峡工程的实战准备，还是三峡工程的重要组成部分。葛洲坝工程除具有发电、航运等综合效益外，主要是承担三峡水电站的反调节任务，以解决三峡水电站不稳定水流对其下游航道及宜昌港所产生的不利影响。同时，修建葛洲坝可以抬高水位，淹没三峡大坝下游至南津关河段的险滩，以改善这段峡谷河道的航行条件。

从规模和效益指标上看，葛洲坝工程基本可视为三峡工程的缩影，其坝顶高程 70 米，正常蓄水位 66 米，水库总库容 15.8 亿立方米，水电站装机容量 271.5 千瓦，年发电量 157 亿千瓦时；而三峡工程坝顶高程 185 米，正常蓄水位 175 米，水库总库容 393 亿立方米，水电站设计装机容量 1820 万千瓦，年发电量 847 亿千瓦时。

20 世纪五六十年代，国内、国际风云变化莫测，1958 年的"大跃进"和接踵而至的三年自然灾害，使国力空虚。紧接着苏联撕毁协议，撤走专家。中苏关系恶化的同时，美苏两国竞相争霸，不时侵犯我领土主权。1962 年后，国际上反华势力对中国大肆实施武力恫吓，随之而来的"珍宝岛事件"导致边境冲突，国际形势骤然紧张。鉴于此，中国把准备打仗放在工作首位，就暂时放弃了修建三峡的计划。

三峡工程被搁置后，当时"长办"的技术员邱忠恩，给国务院写了一封信，提出了提前兴建葛洲坝水利枢纽的建议。信里大概写道：三峡工程上不了，建议将准备兴建尚未动工的隔河岩水电站项目停下来，日后再修，把人力、物力调到葛洲坝修这个长江干流工程。这个颠倒原来建设顺序的大胆建议得到了国务院的重视。

1970 年 5 月，为了缓解华中地区工业用电十分紧缺的局面，武汉军区和湖北省革命委员会向中央建议先修建葛洲坝工程。中央在研究了葛洲坝工程与三峡工程的关系，并听取了对先建葛洲坝工程的不同意见后，于1970年12月26日经毛泽东主席批准，可以先兴建葛洲坝工程，并指出这是有计划、有步骤地为建设三峡工程做实战准备。

1970年冬，周恩来亲自主持中央政治局会议，研究和讨论了长江三峡枢纽工程的组成部分——葛洲坝水利枢纽工程的有关问题。随后，毛泽东批示"赞成兴建此坝"。当年12月30日，葛洲坝水利枢纽工程正式开始建设。为纪念毛主席1958年3月30日乘"江峡"轮视察长江三峡，葛洲坝工程代号为三三〇，葛洲坝工程指挥部成立后叫三三〇工程指挥部。

葛洲坝工程建设历程曲折

1970年12月30日，葛洲坝工程仅仅依据一个规划性的文件，采取"边施工、边勘测、边设计"的"三边"方针，就轰轰烈烈、匆匆忙忙上马了。

葛洲坝工程最初施工由武汉军区、湖北省革委会主持，并由国务院各个部委组成施工指挥部，执行起来出现很多问题。武汉军区司令员、副司令员等没有搞过水利的人担任工程指挥部主要领导职务，指挥部一律按团队建制，且团、连长都由军队干部担任（当时认为穿便衣的不能领导穿军装的）。施工队伍以新兵为主，原来的8千名技术工人被解散，有的被分配去喂猪。当时，"长办"的大多数高级工程师还被关押在"牛棚"，即使在施工现场，也大都有职无权。大坝施工很不规范、科学，施工中不按基建规程办事，造成已浇筑的数万立方米的坝体到处是裂缝、蜂窝。

大坝工程采取"三边"方针带来了三大恶果：质量差、进度慢、浪费大。1972年11月，国务院决定紧急召开葛洲坝工程汇报会，一连开了三次，都由周恩来总理亲自主持。关键时刻，周恩来等国家领导人抓住工程建设的要害问题重新决策，并成立了以林一山为首的葛洲坝工程技术委员会。该委员会经过五天讨论，写出《关于修改葛洲坝工程设计问题的报告》，决定停工两年，重新设计。

1973~1982年，葛洲坝工程总设计师林一山主持了共计10次技术委员会会议，做出了一系列重大技术决策，使工程一步步走出低谷。在此期间，林一山和"长办"的魏廷琤、张魁元、文伏波等完成了近乎天才的设计。挖掉葛洲坝以理顺河势，选定"两翼一体"的枢纽建筑物布置，筑两道超长防淤堤，实现"静水通航，动水冲沙"，利用尾岩抗力固定坝体，采用大单宽流量泄水闸消能防冲，特别是据理力争取消了原设计大坝的5孔泄水闸，添置4台12.5万千瓦发电机组，使葛洲坝装机容量由221.5万千瓦一跃成为271.5万千瓦，增加发电容量50万千瓦。

1974年10月，葛洲坝工地复工。水电部选派刘书田为工程局局长，并做林一山同志的助手。走过一段曲折、艰难的历程之后，葛洲坝工程终于有了一个较圆满的结局。1981年1月4日，万里长江第一坝——葛洲坝水利枢纽工程大江截流工程胜利合龙。第二期工程于1982年开始，到1988年年底葛洲坝水利枢纽工程建成。

1980 年，邓小平视察葛洲坝工程建设

延伸阅读

将 25 吨重的钢筋混凝土联成"葡萄串"

葛洲坝水利枢纽工程是人类历史上第一次"腰截长江"，当时，设备很落后，物资也很匮乏。干了一辈子水电的同志对第一次截断长江也不敢掉以轻心，物资从大到 15 吨、25 吨的钢筋水泥四面体，小到几公分的砂石料，设备从 20 吨、30 吨的载重汽车到大型装载机和大型推土机，一应俱全。工程指挥部还对施工进行了周密部署，对截流时可能遇到的各种困难，多次进行开会研究、提建议，按照计划，长江截流安排了 13 天的时间。

1981 年 1 月 3 日早上 8 点，截流指挥长刘书田一声号令，截断长江的壮举正式开始，从长江南北两岸分别向长江中央推进，一辆辆满载着各类截流材料的大型汽车有序地排成长龙向截流龙口驶进……

在大坝合龙过程中，当龙口只剩 20 米宽时，滚滚的江水咆哮着、怒吼着，25 吨重的混凝土块一投下去，马上就被凶猛的江水吞噬，冲了再投，投了再冲，就这样一直持续了两个多小时，毫无进展。后来截流大军用粗实的钢丝绳把 4 个 25 吨重的混凝土块联成"葡萄串"，两岸同时把两幢共重 200 吨的"葡萄串"抛入龙口，大坝才终于合龙。

时间过得很快，工程进展得也很快，原来预计可能要 13 天的截流工程两天时间就完成了。

葛洲坝水利工程鸟瞰

世界上最大规模的水电站——长江三峡工程

三峡水利枢纽工程又称三峡水电站、三峡大坝，位于湖北省宜昌市的三斗坪镇，是中国有史以来建设的最大工程项目，也是世界上规模最大的水电站。

三峡工程于 1992 年经全国人民代表大会批准建设，1994 年正式动工兴建，2003 年 6 月 1 日下午开始蓄水发电，于 2009 年全部完工，它具有航运、发电、防洪、种植等十多种功能。

三峡大坝为混凝土重力坝，大坝长 2335 米，底部宽 115 米，顶部宽 40 米，高程 185 米，正常蓄水位 175 米。大坝坝体可抵御万年一遇的特大洪水，最大下泄流量可达每秒钟 10 万立方米。整个工程的土石方挖填量约 1.34 亿立方米，混凝土浇筑量约 2800 万立方米，耗用钢材 59.3 万吨。

水库全长 600 余千米，水面平均宽度 1.1 千米，总面积 1084 平方千米，总库容 393 亿立方米，其中防洪库容 221.5 亿立方米，调节能力为季调节型。

三峡大坝

三峡水电站的机组布置在大坝的后侧，共安装 32 台 70 万千瓦水轮发电机组，其中左岸 14 台，右岸 12 台，地下 6 台，另外还有 2 台 5 万千瓦的电源机组，总装机容量 2250 万千瓦，年发电量超过 1000 亿千瓦时，远远超过位居世界第二的巴西伊泰普水电站。

博采众长，工程引进国外设备及技术。三峡水电站的机组设备主要由德国伏伊特公司、美国通用电气公司、德国西门子公司组成的 VGS 联营体和法国阿尔斯通公司、瑞士 ABB 公司组成的 ALSTOM 联营体提供。他们在签订供货协议时，承诺将相关技术无偿转让给中国国内的电机制造企业。

4　核电双星——秦山和大亚湾核电站

核电站是利用核裂变或核聚变反应所释放的能量产生电能的发电厂，目前商业运转中的核能发电厂都是利用核裂变反应而发电。核电站一般分为两部分：利用原子核裂变生产蒸汽的核岛（包括反应堆装置和一回路系统）及利用蒸汽发电的常

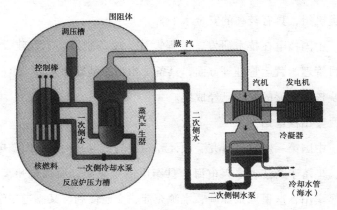

核电站发电流程

规岛（包括汽轮发电机系统）。核电站使用的燃料一般是放射性重金属铀和钚。1 克铀 235 裂变释放的能量相当于 2.7 吨煤完全燃烧产生的能量。

从 1974 年起，中国核专家团队开展了核工业 380 个科研试验项目，为首座核电站奠定了安全、科学的基础。1991 年12 月，中国自行设计建造的秦山 30 万千瓦核电站并网成功。秦山核电站是中国内地核电零的突破，被誉为"国之光荣"。1994 年，中国引进国外技术建成内地第二座核电站——大亚湾核电站，两台单机容量 98.4 万千瓦机组先后投入商业运行。

同欧美相比，中国核电事业起步较晚，但在核电厂设计、建造和运行方面较好地吸收了国际成熟经验，具备一定的后发优势。在建核电厂中，自主设计的核电机组在引进、消化、吸收国外成熟技术的基础上，通过汲取国内外 30 多年的运行经验和安全研究成果，持续进行改进和优化，在选址、设计、制造、建设、安装和调试等各环节均实施了有效管理，相比国际同类机组，具有较高的安全水平。

中国核电在技术研发、工程设计、设备制造、工程建设、项目管理、营运管理等方面，具备了相当的基础和实力，目前加快核电发展的时机已经成熟。

秦山核电站

中国第一座自己研究、设计和建造的核电站——秦山核电站，坐落于浙江省嘉兴市海盐县秦山镇双龙岗，面临杭州湾，背靠秦山，这里风景如画、水源充沛、交通便利，又靠近华东电网枢纽，是建设核电站的理想之地。秦山核电站于 1984 年开工，一期工程包括建设一座 30 万千瓦核反应堆，安装 3 台共 30 万千瓦汽轮发电机组及建设配套厂房和输电设施。1991年秦山核电站建成投入运行，年发电量为 17 亿千瓦时。

秦山核电站外景

该核电站由上海核工程研究设计院等单位设计，作为中国第一座自己研究、设计和建造的核电站，它的设计广泛采用了国外现行压水堆核电站较成熟的技术。

为阻止放射性物质外泄，设置了三道屏障：第一道锆合金管把燃料芯块密封组成燃料元件棒；第二道为高强度压力容器和封闭的一回路系统；第三道屏障则为密封的安全壳，防止放射性物质外泄。此外，还有安全保护系统、应急堆芯冷却系统、安全壳、喷淋系统、安全壳隔离系统、消氢系统、安全壳空气净化和冷却系统、应急柴油发电机组等。反应堆在发生事故时，能自动停闭和自动冷却堆芯。

秦山核电站的建成，标志着中国核工业的发展上了一个新台阶，成为中国军转民、和平利用核能的典范，使中国成为继美、英、法、苏联、加拿大、瑞典之后世界上第七个能够自行设计、建造核电站的国家。

大亚湾核电站

中国第一座引进国外技术建成的大型商用核电站——大亚湾核电站，位于广东省深圳市大鹏新区大鹏半岛，它是大陆首座使用国外技术和资金建设的核电站，也是中国第一座大型商用核电站。它拥有两台装机容量为98.4万千瓦的压水堆核电机组，年发电能力近150亿千瓦时，70%销往香港，30%销往广东。

大亚湾核电站按照"高起点起步，引进、消化、吸收、创新"，"借贷建设、售电还钱、合资经营"的方针开工兴建。1987年8月7日主体工程正式开工。中国核工业建设集团公司成员企业中国核工业华兴建设有限公司与法国、日本等国际大公司合作，联袂组成三国四方的HCCM核电建设合营公司，中标大亚湾核电站土建工程。

大亚湾核电站于1994年5月6日全面建成，投入商业运行，当年获得在美国出版的《国际电力》杂志评选的"1994年度电站大奖"，成为全世界五个获奖的电站之一。大亚湾核电站的建设和运行，是中国大陆大型商用核电站的起步，为中国核电建设跨越式发展、追赶国际先进水平奠定了基础，为粤港的经济和社会发展做出了贡献。

大亚湾核电站外景

5 西藏明珠——海拔最高的抽水蓄能电站

由于受自然条件和交通等因素的制约，西藏经济、社会一直落后于内地。享有"高原日光城"美誉的自治区首府拉萨市，在20世纪90年代中期还经常拉闸限电。1997年投产的羊湖电站设计总装机容量11.25万千瓦，年发电量0.8409亿千瓦时，是西藏自治区最大的能源供给基地。

羊卓雍湖（简称羊湖），藏语意为"天鹅之湖"，该湖泊是高海拔封闭式湖泊，是西藏三大圣湖之一。羊湖电站最初被设计为单纯的引水发电工程，建成后会使湖面水位下降而影响当地生态环境，为慎重起见，开工不到一年的工程就停工缓建。而后，武警水电工程指挥部和设计单位对电站进行深入细致的再勘测、再论证和再设计。三年后，羊湖电站复工，电站也由原来单纯引水发电工程修改为既发电又抽水蓄能的水电工程。修改设计后的羊湖电站工程基本不降低水位，既能保持湖区生态平衡，也能满足拉萨电网调峰生产运行的需要。

工程施工难度世界罕见。海拔 4000 多米的青藏高原素有"地球第三极"和"生命禁区"之称，距拉萨 100 余千米的羊卓雍湖位于喜马拉雅山北麓的浪卡子县境内，4400 米的湖面海拔与雅鲁藏布江 3600 米的江面海拔形成 800 米的巨大落差，引湖水下江发电具有得天独厚的地理条件。但是，要在这里修建电站，需要攻克无数难题，第一道难关是必须打通横亘在羊湖与雅鲁藏布江之间的甘巴拉山。

甘巴拉，藏语为"不可逾越"之意。这里海拔 5374 米，高寒缺氧，气候恶劣，太阳紫外线强于内地 2~3 倍，而大气压则只有 0.59 个，冬季最低气温为零下 30 摄氏度，风沙弥漫。修建羊湖电站的消息传出后，在国际上引起极大关注，一些外国专家认为，靠中国当时的工程机械设备和施工能力，要在高寒缺氧的条件下挖掘包括支洞在内 7.5 千米长的引水隧洞是天方夜谭。

水电部队第三总队不辱使命。1989 年，国务院批准建设羊湖电站，并将施工任务交给了武警水电部队。1991 年 5 月，国务院、中央军委批准成立中国人民武装部队水电第三总队，这支年轻的部队从此成为羊湖电站建设的生力军。第三总队是国家一级施工企业，是一支以军事化组织形式，实行企业化管理的技术密集型、高度机械化的基本建设突击队。

羊湖电站的作业区大部分在海拔 5374 米的甘巴拉山上，这里的含氧量仅为海平面的一半，人即使躺着不动，其体力消耗也相当于在内地负重 20 公斤。刚到羊湖工地，官兵们都不同程度地出现呼吸困难、胸闷、头疼、流鼻血、口唇干裂等高山反应。在这样的环境下，官兵们在不到三个月的时间里，完成投资 900 多万元。西藏自治区领导视察羊湖工地后感慨："没想到在设备不齐的情况下，部队采用钢钎、铁锤、十字镐等原始的方法创造了奇迹，也只有人民军队才能创造这样的奇迹。"

羊湖电站引水隧洞是整个工程中施工难度最大、施工条件最恶劣的工程之一。长达 6000 米的引水隧洞要穿越海拔近 6000 米的甘巴拉山，这里常年缺氧，在距离洞口 200 米的隧洞内，打火机也会因缺氧而打不着。平时洞里就像下雨一样，即便水泵 24 小时不停地抽水，冰冷刺骨的积水还是能没过顽强的战士们的腿肚。他们冻得实在受不了，就喝上几口白酒，一个班次下来，双手被水泡得发白，手指头都不会弯曲，浑身透湿地从洞里走出来，被寒风一吹，个个变成"冰人"，脚上的水靴要用火烤很久才敢慢慢脱下来。在洞内施工，打钻、放炮都会产生大量粉尘、烟雾，一氧化碳，二氧化硫等有害气体，这些有害气体浓度高，使洞内有限的氧气更加稀薄。经常有人因为缺氧而晕倒、昏迷。战士晕倒了，抬到洞外透透气，醒过来之后又进洞接着干。

不畏艰难的水电部队在雪域高原奋战 8 年，创造了一个又一个人间奇迹：从 1989 年 9 月至 1991 年 5 月，不到两年时间完成了水、电、路、通信"四通"和场地平整，完成羊湖电站至拉萨输电线路施工，并初步形成羊湖、雅洒两个供水系统；1993 年 9 月，横贯甘巴拉山的主体工程引水隧洞掘进宣告完成；1995 年 8 月，坡度近 50 度，长达 3100 米的高压钢管安装完毕；1997 年 6 月，抽水蓄能机组安装调试完毕，同年 9 月 19 日，电站 1、2、3、4 号机组相继投产发电。

1998 年 9 月 18 日，对于热切盼电的西藏人民来说，是一个大喜的日子。羊湖电站经过一年投产试运行后，由承建该项目的人民武装警察水电部队正式将工程交付给当地政府。

科普小贴士

抽水蓄能电站

抽水蓄能电站利用电力负荷低谷时的电能抽水至上水库，在电力负荷高峰期再放水至下水库发电的水电站，又称蓄能式水电站。它可将电网负荷低时的多余电能，转变为电网高峰时期的高价值电能，还适于电力调峰、调频、调相，稳定电力系统的周波和电压，且宜为事故备用，可以称之为"电力系统的蓄电池"。截至 2014 年年底，中国抽水蓄能电站容量 2183 万千瓦。

6 网联神州——超高压电网联通全国

随着电力建设的发展，大容量水电站、火电厂、核电站以及电站群越来越多，而动力资源又往往远离负荷中心，只有采用超高压输电才能有效而经济地完成输电任务。

电网互联能够更大范围地进行资源优化配置，可以产生比较明显的经济效益，所以电网互联是电网发展的必然结果。随着电压等级的提高，中国电网的网络规模也不断扩大，特别是三峡水电站的竣工，为全国联网提供了契机。

1989 年投运的 ±500 千伏葛沪直流工程，从葛洲坝送电到上海，实现了华中与华东电网的互联，拉开了跨大区互联网的序幕。2001 年 5 月，华北与东北电网通过 500 千伏线路实现了第一个跨大区交流联网。2002 年 5 月川电东送实现了川渝与华中的联网。2003 年 9 月华中与华北电网联网工程投运，自此形成了由东北、华北、华中区域电网构成的交流同步电网。到 2007 年年底，全国除新疆、西藏、海南、台湾外，所有电网全部运行在交直流联合电网中，形成了全国联网的基本框架。

科普小贴士

电压等级的划分

35 千伏及以下电压等级，称为配电电压；

110 千伏～220 千伏电压等级，称为高压；

330 千伏～500 千伏电压等级，称为超高压；

±800 千伏及以上的直流电和 1000 千伏及以上交流电的电压等级，称为特高压。

"平武工程"

"平武工程"是中国第一个 500 千伏超高压交流输变电工程。1979 年，为确保武汉钢铁厂引进的 1.7 米轧机电网负荷冲击要求和葛洲坝电力外送，实现湖北、河南两省电力交换，中国第一个 500 千伏超高压交流输变电工程——"平武（平顶山至武昌）工程"开工建设。

工程线路起始于河南省平顶山市姚孟发电厂，途经湖北省境内双河变电站，止于武汉市凤凰山变电站，全长594千米。1981年12月22日，"平武工程"建成送电。它的建成和投产，使中国成为世界上第八个拥有500千伏输电能力的国家。

施工中首次用大型吊车吊装铁塔。平武工程500千伏超高压输电线路在河南省区段施工中采用了格罗夫（Grove）45吨吊车，经过逐步摸索、试验，首次用大型吊车吊装铁塔成功，共吊装铁塔29基，占施工段总基数的12%，吊装重量577.2吨，占总重量的21.9%。

高3.96米、长6.4米的格罗夫大型吊车

500千伏超高压线路实现长江大跨越。"平武工程"跨越长江、汉水，施工中在中国首次采用"半封航法""低弧度紧线""耐张塔组合吊装"等施工方案，保证了船只通行，缩短了工期，节约了费用。其中，金口大跨越是国内首次500千伏输电线路横跨长江，施工过程中采用全封航作业，为500千伏输电线路跨江、跨河施工积累了丰富经验。

500千伏平武输变电工程长江大跨越

500千伏输电线路已成为中国跨省骨干网架。在500千伏平武输变电工程建设之后，500千伏元宝山—锦州—辽阳—海城输变电工程开工建设，线路全长602千米，采用国产500千伏设备，分段调试投运，于1985年全线建成。此后，500千伏超高压输电线路陆续建设，逐渐成为中国各省级及跨省电网的骨干网架。

"葛上线"工程

"葛上线"工程是中国第一个大容量、长距离超高压直流输电工程。"葛上线"工程即葛洲坝—上海±500千伏超高压直流输变电工程，是中国乃至亚洲第一条直流输电工程，也是葛洲坝电站向华东送电的第一条直流输电线路。工程采用了当时国际上最先进的技术和装备，并做了许多开创性的工作。

"葛上线"工程的众多创新点。该线确定并制定了中国 ±500 千伏直流输电线路建设标准，确定并制定了中国 ±500 千伏电压等级直流输电设计原则，合理确定了 ±500 千伏换流站电气主接线形式。工程实现了线路路径优化设计、线路走廊宽度优化设计、采用计算机技术对各项参数指标进行优化设计和大跨越防震设计。

"葛上线"工程外景

葛洲坝到上海 ±500 千伏直流输电工程是中国第一个超高压直流输电工程，填补了中国高压直流输电技术的空白，实现了华中、华东两大电网的非同步联网，解决了华中电网调峰容量不足引起的葛洲坝电站弃水问题。作为亚洲第一个直流输电工程，葛洲坝—上海 ±500 千伏直流输电工程发挥了技术储备的作用。通过本工程培养了包括设计、施工、科研、调试、运行、管理等各种人才的直流输电队伍，葛洲坝—上海 ±500 千伏直流输电工程已经成为中国直流输电技术人才的摇篮，取得了巨大的辐射效应，推动了中国乃至世界直流输电技术的发展。

7 城乡同价——农村电网改造惠及农民生活

"两改一同价"是1998年国务院部署开展的农村电网改造、农村电力管理体制改革、实现城乡用电"同网同价"工作的简称，在整个中国农电发展史上具有里程碑意义。

"两改一同价"的实施背景。中国社会长期处于城乡二元化结构之下，乡镇以下农村低压电网由农民自管自建。由于投入不足，电网破旧，有的地区线损率高达50%。电能损耗、运行维护费用和农村电工的报酬，都要通过电价由农民来平摊。加之由于管理体制混乱，层层趸售，"人情电、关系电、权力电"和"乱收费、乱加价、乱摊派"以及偷漏电现象严重，这些费用也都要农民来负担。

直到20世纪90年代后期，农村电价高、农民负担重的状况并没有从根本上解决。"没电盼电、有电怕电"的问题日益凸显。有的地方每千瓦时高达1元以上，甚至更高。企业叫苦不迭，一些农民重新燃起了煤油灯。当时安徽凤阳小岗村的用电情况，就是全国农村用电的一个缩影。村里经常出现电压不稳、停电，电费比较高，有时都达到一块多钱一度，农民承受不起。

这引起了中央以及社会各界的普遍关注，媒体对农电存在的问题多次曝光。时任国务院总理朱镕基批示："税赋虽免，电价奇高，农民重负，其何以堪。"1998年10月、1999年2月国务院先后两次发文，提出改革农电体制，改造农村电网，实现农民生活用电与城镇居民生活用电同网同价的目标。

改造农村电网。只有改造农村电网，使原本设备陈旧、安全性差、供电半径超标等问题突出的农村电网变成一个结构合理、各类设备先进、安全性高、运行经济可靠的合格电网，才能实实在在地降低线损和变损，减轻农民承担电能损耗的负担。这是从技术上降低农村电价的关键，也是城乡用电同价的技术经济保证。1998 年和 2001 年，国家先后启动了一期、二期农村电网建设与改造工程，并在此后启动了县城电网改造。"两改一同价" 实施以来，国家共投入农网资金 4000 亿元，超过新中国成立后 50 年农网投资的总和。

农网改造现场施工

改革农村电力管理体制（以下简称"农电管理体制"）。长期以来，中国农电管理体制分为直供、趸售和地方电力三种形式。"两改一同价"对农电管理体制重新"理牌"，通过对逅售县电力公司上划、代管和股份制改造，减少中间管理层次，理顺县级供电企业与省电力公司及乡电管站的关系，并规范农村用电秩序，从根本上解决了农电管理问题，也为实施电网改造提供了保障。农电管理体制通过改革，实现了城乡电网统一管理、统一核算、统一价格，从管理上解决了农村电价混乱的问题，杜绝了农村电价电费中的乱加价、乱收费、乱摊派和关系电、人情电、权力电及窃电现象，为城乡用电同价提供了组织、体制保证。

实现城乡用电"同网同价"。至 2007 年年底，城乡生活用电同网同价目标已基本实现，其中国家电网区域内 1100 个县实现了城乡分类用电同网同价。农村电压合格率提高了 6 个百分点，低压线损从 30% 降到了 12%。大量事实说明，实施"两改一同价"，消除城乡用电差别，是降低农村电价、减轻农民负担的重要举措，对提高农民生活水平、开拓农村市场、繁荣农村经济、保护生态环境等具有重要的现实意义和深远的历史意义。

五　创新跨越（2003～2014）

历史的车轮滚滚向前，人类迎来了充满机遇和挑战的21世纪。中国电力工业抓住世纪之交的重要机遇期，一路披荆斩棘，冲破计划经济藩篱，探索市场化发展路径，实现了装机规模高速增长，电源结构持续优化，清洁能源发电比例不断提升……中国的电力工业克服了布局结构、体制机制、市场环境等方面存在的诸多矛盾与困难，在转型的阵痛中实现了跨越发展，实现了从电力大国向电力强国的巨大转变。

国运兴，则电力兴。21世纪以来，中国经济持续高速增长，2010年GDP超过日本，成为世界第二大经济体。全国发电装机容量由2002年的3.57亿千瓦增长到2014年的13.6亿千瓦，发电装机容量及发电量已经超越美国，居世界第一位。

清洁能源发电快速发展。截至2014年年底，水电装机3.0亿千瓦，并网风电9581万千瓦，二者均居世界第一位；并网太阳能发电2652万千瓦，核电装机1988万千瓦。

电力节能减排成效显著。电力行业不断加大节能技术改造力度，严格控制污染物排放，效率不断提高、能耗不断降低。2014年，全国火电供电标准煤耗从2002年的383克/千瓦时下降到318克/千瓦时，居世界先进水平。烟尘、二氧化硫、氮氧化物和二氧化碳排放强度均持续下降，为实现国家环境治理目标做出突出贡献。

电网技术不断提升，在一些领域达到或领先世界水平。从2009年起，中国电网规模已跃居世界第一位。截至2014年年底，全国220千伏以上输电线路回路长度达到57万千米，是2002年的近3倍。电网优化资源配置能力、技术装备水平和安全供电水平全面提高，变电容量、线路长度等多项指标跃居世界第一位。中国全面掌握了特高压输电核心技术和全套设备制造能力，带动了民族电工装备制造业的创新发展，在世界电网科技领域实现了"中国创造"和"中国引领"。此外，在智能电网、电动汽车、微电网等方面也取得了重大进展。

发电技术装备质量和水平跃上新台阶。超超临界、大型空冷发电机组应用达到国际先进水平，大机组已成为中国火力发电主力机型；完整掌握了大型循环流化床（CFB）的核心技术，步入CFB锅炉技术的世界先进行列；大型水电机组自主设计能力达到了国际先进水平，特大型水电站工程建设与运营管理水平世界领先；核电技术装备自主化不断实现重大突破，在世界上率先建设第三代核电机组；风机国产化率达到85.7%，太阳能发电设备制造企业的国际竞争力不断增强。

"海阔心无界，山高人为峰"，走过130多年的风风雨雨，中国电力人横跨崇山峻岭，架设万里银线，点亮了神州大地的万家灯火。未来，这艘承载着几代中国人工业化梦想的历史巨轮，将驶向更加辉煌的航程！

1 高效清洁——火电环保领先世界

中国煤炭资源丰富，燃煤发电消耗中国近一半的煤炭，燃煤电厂接近发电总装机容量的70%。大力发展大容量、高参数、高效率的百万千瓦超超临界煤电机组，是中国煤电清洁化发展的重要途径。21世纪以来，中国火力发电技术装备从国产30万千瓦级亚临界机组，到60万千瓦级超临界机组，再到100万千瓦级超超临界机组，从引进吸收到自主创新可以说是硕果累累。2006年11月28日，国产首台100万千瓦级超超临界机组在华能浙江玉环电厂正式投入商业运行。到2014年年底，中国已投入运行的100万千瓦级超超临界机组已达60多台，高居世界首位。截至2014年年底，中国火力发电总装机容量9.15亿千瓦，不论是发展规模还是发电技术均实现了历史性跨越。

坐落在山东邹城市的华电国际邹县发电厂是一座现代化特大型坑口火力发电厂，南面是水资源丰富的微山湖，北面与兖州煤田相邻，具有得天独厚的发展条件。该电厂拥有4台33.5万千瓦、2台60万千瓦和2台100万千瓦机组，总装机容量454万千瓦，曾是全国最大、国内综合节能和环保水平最高的燃煤电厂之一。

邹县发电厂四期工程建设的两台 100 万千瓦超超临界燃煤凝汽式汽轮发电机组，是国内首批 100 万千瓦超超临界火电机组引进技术国产化的依托项目，同步建设烟气脱硫装置，被列为国家"863"科技攻关项目和国家重点建设工程。该工程自 2005 年 4 月 28 日全面开工，两台机组分别于 2006 年 12 月 4 日、2007 年 7 月 5 日顺利投产发电，设计发电煤耗 270.19 克/千瓦时，低于全国火电机组平均水平近 70 克/千瓦时，两台机组每年可节约标准煤 99 万吨，各项技术指标均达到较高水平。工程采用干式除灰，并同步建设全国最大的中水深度处理工程，每年可利用城市污水 1200 多万吨，代表了世界上燃煤发电机组环保节能的重要发展方向。四期工程建设总工期仅用 29 个月零 20 天，比合同工期提前了 8 个月，被世人称为"邹四速度"和"百万奇迹"。7 号机组被授予全国发电装机容量突破 6 亿千瓦标志性机组。邹县发电厂四期工程两台 100 万千瓦超超临界机组的建成投产，使邹县发电厂同时拥有 30 万、60 万、100 万千瓦三个容量等级和亚临界、超超临界两个技术等级的发电机组，成为中国改革开放以来电力工业发展的标志性窗口企业。

2014 年 1 月 16 日，在新疆昌吉回族自治州五家渠市，信发集团新疆农六师煤电有限公司自备电厂 110 万千瓦级超超临界空冷机组工程的首台机组投产发电，发电煤耗为 270 克/千瓦时，全厂热效率达 46%，百万千瓦水耗 0.06 立方米/秒，均创造了国内直接空冷机组的最高水平，从此世界火力发电行业进入 110 万千瓦等级空冷火电新纪元。

华电国际邹县发电厂四期百万机组主控室

科普小贴士

超超临界

火力发电，根据过热蒸汽压力和温度的不同，分成不同的等级，等级越高，发电效率越高，环保效益越好。超超临界是目前世界上最先进的火力发电技术，具有显著的节能和改善环境的效果，它比超临界机组的热效率高出约4%，与常规燃煤发电机组相比优势更加明显。利用这一技术，一台100万千瓦级机组一年节约的燃煤，相当于一台20万千瓦级机组一年的耗煤量。

空冷发电机组

空冷发电机组（又称风冷）是利用强制流动的空气作为热源的载体，达到对设备散热的目的。具体的实施是在发电机的定子铁芯与机壳交接处留有许多的方槽，发电机转子上的轴流风叶运转时形成的强风流流过定子铁芯与机壳的方槽，线圈将热量排出机体，达到散热的目的。

IGCC

IGCC 是将煤气化和燃气—蒸汽联合循环发电有机集成的一种洁净煤发电技术。在 IGCC 系统中，煤经过气化产生合成煤气，再经除尘、水洗、脱硫等净化处理后，送入燃气轮机燃烧驱动燃气轮机发电，燃机的高温排气在余热锅炉中产生蒸汽，驱动汽轮机发电。

受制于以煤为主的一次能源结构，中国电力工业能否实现可持续发展，燃煤发电能否实现真正的清洁化极为重要。在火电机组实现大容量、高参数、高效率的同时，中国还努力研发新的洁净煤电技术，并成功投产了 IGCC、碳捕集等示范项目。2012 年 12 月 12 日，中国首座煤气化联合循环电站——华能天津 IGCC 示范电站在天津滨海新区正式投产，标志着中国洁净煤发电技术也取得了重大突破。

煤电会造成大气污染，这是大多数人对于传统火力发电厂固有的印象。但是面临中国"富煤、少油、缺气"的资源现状，用其他能源完全取代燃煤发电短期内很难实现。因此，如何降低煤耗，节能减排显得尤为重要。让燃煤电厂更加环保、更加绿色，成为中国电力人不懈的追求。绿色环保的燃煤电厂，不见浓烟滚滚，只闻鸟语花香。

在为社会提供洁净电能的同时，保护好我们赖以生存的环境，是电力行业的庄严承诺。改革开放以来，电力行业通过完善法律体系、加强技术开发、强化污染控制、规范产业管理等手段，不断加大节能环保投入，减排成效巨大，污染治理水平显著提高，在一些领域已达到国际先进水平。

节能：供电煤耗达世界先进水平

节能，被称为世界第五大能源。中国人口众多，能源资源相对不足，因此，保障能源安全供应，促进经济社会可持续发展，首要的是节约能源使用，提高能源使用效率。

火力发电，根据过热蒸汽压力和温度的不同，分成不同等级，等级越高，环保效益越好。超超临界是目前世界上最先进的火力发电技术。利用这一技术，一台100万千瓦的机组一年节约的燃煤，相当于一台20万千瓦机组一年的耗煤量。

火电厂最重要的经济运行指标是供电煤耗，它是衡量火力发电厂每发1千瓦时电平均耗用的标准煤量。供电煤耗越低，发电机组的效率越高。21世纪以来，中国火电机组供电煤耗持续下降，节能效益显著。2002年，全国火电机组供电煤耗383克/千瓦时。2014年，这一数字下降到了318克/千瓦时，居世界先进水平。

减排：全球最严火电厂污染物排放标准

进入21世纪，人们的环保意识越来越强烈，国家对环境保护的要求也日趋严格，环保的思路由末端治理向清洁生产延伸。在继续巩固烟气、废水治理成效的同时，火电厂二氧化硫的治理成为重中之重，而且随着雾霾的加重，氮氧化物也成为加强治理的重要对象。2011 年，中国政府出台了号称史上最严的环保标准，对烟尘、二氧化硫、氮氧化物的排放限值要求，均达到或严于发达国家或地区。中国火电厂的污染物治理取得突破性进展，为国家实现节能减排和环境治理目标做出了卓越贡献。截至 2013 年年底，中国具备脱硫能力的燃煤机组比例接近 100%，煤电脱硝机组比例接近 55%（中国自 2011 年起开始将氮氧化物纳入火电厂控排对象，而二氧化硫早于 2000 年已开始控排），2014 年超过 80%；煤电机组除尘改造力度加大，先进的高效电袋除尘器、袋式除尘器的应用比例进一步提高。

烟尘排放控制技术经历了水膜除尘器、电除尘器、袋式除尘器、电袋复合式除尘器的发展历程。目前的除尘效率接近 99.8%。火电厂烟尘排放量和排放绩效（即每发 1 千瓦时电排放的烟尘量）持续下降。

二氧化硫排放控制技术（俗称脱硫）以石灰石—石膏湿法烟气脱硫技术为主，其脱硫效率可达 98%，甚至更高。2013 年，全国二氧化硫排放 1974.4 万吨。其中，电力二氧化硫排放约 620 万吨，与 1995 年电力二氧化硫排放水平相当，约占全国二氧化硫排放量的 31.4%，而火电装机容量却增加了近 5 倍。二氧化硫排放绩效（即每发 1 千瓦时电排放二氧化硫量）1.49 克，仅相当于美国 2012 年水平（2.45 克）的 3/5。

2013 年，全国氮氧化物排放 2078.0 万吨，其中，电力氮氧化物排放约 620 万吨，约占全国氮氧化物排放量的 29.8%。

从以上数据可以看出，在中国雾霾逐渐加重期间，恰恰

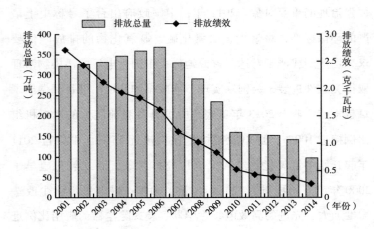

2001~2014 年全国火力发电厂烟尘排放情况

注：烟尘排放量来源于电力行业统计分析，统计范围为全国装机容量 6000 千瓦及以上火电厂。

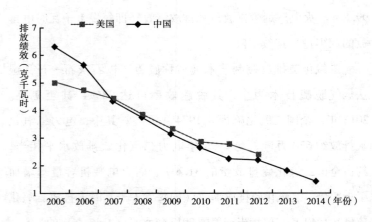

2005 年以来中美电力二氧化硫排放绩效对比

注：中国为单位火电发电量二氧化硫排放量，美国为单位煤电发电量二氧化硫排放量。

是中国电力行业大气污染物排放显著下降的时候。因此，单纯从燃煤总量上说火电厂是造成雾霾的元凶显然不合理。中国煤电燃煤虽然占煤炭消费量的50％左右，但由于煤电不断提高污染控制水平，以及具有电厂布局范围大、排放烟囱高的特点，治理后排放到空气中的污染物只是导致雾霾的次要原因之一。而城市中热电联产的煤电机组，由于替代了大量无污染控制或者污染控制水平低的散烧煤锅炉，间接地对减轻雾霾的影响发挥了重要作用。如果再加快散烧煤转为电煤、以电代煤、以电代油的步伐，煤电治霾将会发挥更加显著的作用。

延伸阅读

绿电典范——上海"外三"

东海之滨，高高耸立的烟囱悠闲地吐着白色蒸汽，满目绿色的小桥流水与发电设备相得益彰……2008年以来，这座花园般的发电厂持续吸引了全世界火电和能源界的关注。上海外高桥第三发电厂（简称"外三"）被誉为世界上最清洁、最高效的燃煤发电厂。2014年7月，国际能源署清洁煤中心主任安德鲁·米切纳不仅赞许"外三"是全球最清洁的火电厂，而且强调"与世界最严格的火电厂污染控制标准相比，'外三'的实际排放不到该标准的一半，甚至优于天然气发电"。

最大限度地减少污染物排放，用最少的煤发同样的电，从源头上提高能效，是"外三"建厂的思路。"外三"有针对性地持续开展了18项重大技术创新项目，其中世界首创 12 项，破解了诸如"蒸汽氧化与固体颗粒侵蚀"等国际发电业几十年未曾突破的难题。其研究成功的"零能耗"脱硫系列技术，基本思路是在烟气脱硫之前将其中的热能通过一种特殊装置加以回收，并送回热力系统再发电，以弥补脱硫系统的电耗。再辅以相应的节电技术，最终使脱硫系统的节能量与耗能量达到平衡甚至结余，从而实现"零能耗"脱硫目标。此外，"外三"在电除尘器优化改造、攻克 SCR 低负荷退运世界难题等方面也进行了一系列技术创新。尤其是"高低位分轴布置"的新发明，可实现在现有材料、技术和设备条件下，使新建超超临界燃煤发电机组的供电效率达到 48.9%，设计供电煤耗约 251 克/千瓦时。

从 2008 年投产至今，"外三"通过清洁燃煤技术创新，走出了一条独具特色的"绿电"之路，并在不断刷新最低供电煤耗的世界纪录。2013 年，"外三"创造的国际煤电界纪录已达到 276 克/千瓦时，即每发 1 千瓦时电仅需烧煤 276 克。而在"外三"之外，世界最节能的火电机组荷兰 Nordjylland 电厂的 3 号火电机组，其煤耗是 286.08 克/千瓦时，其次是日本勿来电厂 25 万千瓦整体燃气联合循环机组，煤耗是 292.5 克/千瓦时。

"外三"的绿电实践使我们对煤电有了新的认识：它可以更清洁，与环境更友好；依托最先进的节能和环保技术，在城市建设绿色煤电完全可以实现。

2 绿色和谐——梯级开发成就水电第一大国

21世纪以来，中国电力工业发展进入了以安全、经济、绿色、和谐为价值特征，以绿色化和智能化为技术特征的时代。加快绿色化转型、提高非化石能源发电比重成为大势所趋。在非化石能源发电品种中，水电和核电属于发电成本相对较低的品种。更为重要的是，水电和核电不仅具有相对较好的电能品质，还具有相对较好的电力容量品质，如100万千瓦水电或同容量核电可以满足90万千瓦左右持续用电负荷需要。其中，又以水电的技术最为成熟，且安全性、经济性和灵活性都较高。

水电分为单独开发与流域开发，流域开发是中国现阶段水电开发的重要方针。流域开发，联合调度，可以提高水资源的利用率，协调水资源综合利用之间的矛盾，获得梯级效益。比如上游水电站水库调节径流可增大下游所有梯级水电站的保证出力和年发电量。而上下游水库联合调度，可协调发电和其他用水要求的矛盾。再比如上游水电站削减洪峰、蓄存洪量，可提高下游各级水电站防洪标准，减小泄洪设施规模。此外，上游电站水库还可使下游新建电站缩短初期蓄水时间。

21世纪以来，中国根据水资源分布情况、开发条件和经济发展的需要，制定了流域水电开发基地的规划。重点建设"金沙江、雅砻江、大渡河、乌江、长江上游、南盘江、洪水河、黄河上游、黄河中游、湘西、闽、浙、赣、东北"12个大型水电基地。除了重点开发的流域外，还对一些河流进行有计划地梯级开发，主要有松花江、鸭绿江、红水河、龙溪河、猫跳河、西洱河、以礼河等。

当前，中国水电建设处于大建设、大发展的关键时期。总体上看，中国水电开发先后经历了技术制约、资金制约和环境制约阶段。"十一五"期间，在保护局部生态的口号下，怒江、金沙江等流域大型水电工程被叫停。面对"十一五"期间水电开发受阻所带来的惨痛教训，很多有识之士意识到加速水电开发和利用的重要性。因此，在《中共中央关于制定国民经济和社会发展第十二个五年规划的建议》中，将"十一五"提出的"在保护生态的基础上，有序开发水电"改为"在保护生态的前提下，积极发展水电"。"十二五"以来，中国在科学处理好移民安置和生态环境保护的前提下，坚持优先开发水电，全面推进金沙江下游、雅砻江、大渡河、黄河上游、澜沧江大型水电能源基地建设。加快开发金沙江中游水电能源基地，启动了金沙江上游和怒江中下游大型水电能源基地建设，水电流域梯级开发已形成规模。2012年年底，中国水电装机达到2.49亿千瓦，成为世界第一水电大国。近两年来，中国水电新增装机容量创历史新高，截至2014年年底全国水电装机已达3.0183亿千瓦。

延伸阅读

最难水电工程——锦屏水电站

锦屏水电站包括位于锦屏山西侧的一级和东侧的二级水电站，总装机840万千瓦，是雅砻江上装机规模最大的水电站和雅砻江流域下游开发的龙头电站。2014 年 11 月 29 日，雅砻江锦屏二级水电站最后一台机组——8 号机组正式投产运行。至此，经过 10 年的艰苦努力，中国"西电东送"标志性工程、拥有世界最高坝、世界最大规模水工隧洞群的锦屏水电站 14 台 60 万千瓦机组全部投产。锦屏水电站也是中国已经建成的装机容量位列第三的水电站。

"三峡最大，锦屏最难"说的是锦屏水电站的建设之难，它具有"五高一深"的特点，即"世界最高混凝土拱坝、高山峡谷、高边坡、高地应力、高压大流量地下水、深部御荷裂隙"。锦屏水电站工程攻克了深切峡谷复杂地质下世界最高的超 300 米高拱坝建设过程中的大坝温控防裂，世界最大规模的拱坝地基处理，世界最难的极高地应力环境下大型地下厂房洞室群围岩稳定与变形控制，以及锦屏二级深埋长大引水隧洞施工中的极强岩爆、高压大流量突涌水、洞室群多工作面高强快速施工组织等一个又一个世界级技术难题，创造了一个又一个世界奇迹。

锦屏一级水电站的双曲拱坝高 305 米，其中，埋在水下的部分约 50 米，所以能够直接看到的有 250 米左右。北京东三环中央电视台总部大楼高 234 米，也就是说，大坝水面以上部分，与此楼高度相当。所谓双曲拱坝，就是从左往右看，大坝形状是一条曲线；从上往下看，大坝形状也是一条曲线。人们熟悉的鸡蛋壳形状就是双曲拱坝的模样。当然，双曲拱坝要比鸡蛋壳大很多，厚很多。锦屏大坝右边有一个高达 110 米的取水口，水从取水口能进到电站的地下厂房，从而势能转化为动能，继而再转化成电能。这么高的取水口目前在国内也是最高的，锦屏一级水库的水位消落幅度也是目前国内最大的。大家熟悉的三峡工程，其正常蓄水位为 175 米，其水库防洪限制水位 145 米，也就是说消落幅度为 30 米。而锦屏一级水库正常蓄水位为 1880 米，枯水期将消落至 1800 米，幅度达 80 米。在锦屏一级左岸高边坡施工过程中，93 岁高龄的谭靖夷院士曾说："我来锦屏有六次了，我最担心的就是锦屏的左岸，左岸靠上部 1730 米以上的 150 米是砂板岩，砂板岩虽然不是坏岩石，但是这个内部构造中，洞太多了，很容易形成断层，近 600 米的高边坡虽然不是世界最高，但是太难了。"2005 年 5 月，锦屏一级大坝坝肩开挖动工时，当时通向坝肩的进场公路还没有完全形成，运往这个高程的施工设备和材料都靠马帮沿着几乎 70 度的陡坡运上去的。锦屏左岸锚索平均长 60～80 米，穿一根锚索需要 30 多人，总共密密麻麻地穿了 4000 多根锚索，像"纳鞋底"一样死死锁住了左岸高边坡。

锦屏二级水电站将 150 公里锦屏大河截弯取直、引水发电，4 条引水隧洞平均长约 16.67 公里，开挖洞径 12.4 米，加上各类辅助洞总共约为 200 公里，为世界最大规模水工隧洞群。锦屏二级水电站 1 号引水隧洞上覆盖岩体一般埋深 1500～2000 米，最大埋深约为 2525 米，开挖最大洞径达 13 米，工程"埋深大、地应力高、岩爆强、涌水多"，施工面临"终极的魔鬼"考验。尤其是岩爆的发生没有任何征兆且破坏力巨大，严重的可测到四级以上的震级。2010年2月3号，2号引水洞发生一次极强岩爆，巨大冲击波把地面冲击出3条横向贯穿性裂缝，深1.5米，最宽裂缝达25厘米，可谓天崩地裂，停放一旁的40吨自卸车被冲击至7米以外。面对这种突发情况，按照常规这样的岩爆一般要停工三到五天甚至一周，但工程人员没有被困难所吓倒，冲击波刚过，项目经理就带领技术人员迅速进入洞里查看险情，并现场召开技术骨干会议，制定多项安全保证措施和安全预案，第二天就恢复了施工。

锦屏一级大坝

中国水力发电依托国家重大工程建设，水电技术进步明显。锦屏山水电站全面投产发电目标的胜利实现，极大地提升了中国水电建设水平和机电工业的制造水平。自此，雅砻江开发的重点已由下游正式转移到中上游。当前，随着雅砻江流域上游10个电站规划前期工作的启动，雅砻江中上游水能资源开发快速推进，雅砻江将成为中国不可多得的优质清洁能源基地。

3 创新升级——核电技术世界先进

核电站，是指利用原子核裂变反应产生的核能来发电的电厂。核电站与一般火电厂的不同主要体现在核岛。根据核原料、慢化剂和冷却剂的不同，核反应堆分为压水堆、沸水堆、重水堆等堆型。目前，由于面对能源资源与能源供应安全问题的严峻形势及全球气候变化与温室气体减排的强大压力，中国对加快核电建设的认识逐步统一。2007年11月，国务院正式批准了国家发改委出台的关于《国家核电发展专题规划（2005～2020)》。这是中国政府第一次正式发布核电发展规划。

21世纪以来，中国核电建设明确了"引进、消化、吸收"，最终实现自主创新的发展思路。2003年，中国核电建设面向全球公开招标。然而，是引进美国西屋公司的AP1000第三代核电技术，还是引进法国法玛通公司的EPR第三代核电技术，当时存在很大分歧。2006年年底，国务院专题组织召开了200余名专家参加的"千湖会议"，这次会议没有形成会议纪要，而是要求每位专家的意见都上交。会后统计，有80%的专家同意引进AP1000技术。就这样，一个商业项目提交到中央政治局会议讨论，最后决定引进美国西屋公司的

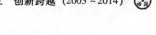

AP1000 技术，可见决策之慎重。为此，国家还专门成立国家核电技术公司负责组织实施。国家核电技术公司与美国西屋公司谈判达成了"引进、消化、再创新"的合作方式，并明确单机超过 135 万千瓦的全部技术知识产权归中方。

AP1000 技术是一种先进的"非能动型"压水堆核电技术，用铀制成的核燃料在反应堆内发生裂变而产生大量热能，再用处于高压下的水把热能带出，在蒸汽发生器内产生蒸汽，蒸汽推动汽轮机带着发电机一起旋转，电就源源不断地产生出来。AP1000 技术最大的特点就是设计简练，易于操作，而且充分利用了诸多"非能动的安全体系"，进一步提高了核电站的安全性。"非能动型"即完全靠重力、自然循环、膨胀对流把热量带走，不靠泵，不靠电，就能把事故情况下堆芯熔化产生的热量带走。其安全性比二代核电提高 100 倍。即 100 个 AP1000 核反应堆的风险相当于 1 个二代核电核反应堆的风险。通俗地说，中国已运行 AP1000 技术的核电站的安全性考虑了严重事故及极端事件，比如可以抗大型飞机冲撞，也经得住 9 级地震和 10 级海啸的破坏。换言之，2011 年 3 月 11 日日本强烈地震引发了福岛核电严重事故，如果是 AP1000 型核电站就会安然无恙。

2009 年，中国首批第三代核电 AP1000 自主化依托项目——浙江三门核电站和山东海阳核电站开工建设。至此，中国已掌握了核岛筏基混凝土一次性整体浇筑、钢制安全壳成套工艺、大型锻件国产化等第三代核电的核心关键技术，为中国后续第三代核电技术的批量化、规模化发展奠定了坚实的基础。国家核电技术公司在消化、吸收引进技术的同时，自主开发设计 CAP1400 机组，2009 年 2 月与华能集团签署协议，在山东荣成合作建设 CAP1400 国产化项目，计划首次建设 2 台 CAP1400 压水堆核电机组，建设具有中国自主知识产权的第三代非能动大型先进压水堆核电机组。2014 年 7 月 7 日，国核荣成压水堆示范工程龙门吊基础正式开挖，标志着该项目现场施工工作的正式开始。

浙江三门核电站 1、2 号机组全景

与此同时，中国也形成了具有自主知识产权的三代核电技术——"华龙一号"。自 20 世纪 80 年代引进国外技术，通过消化、吸收和再创新，中国全面实现了自主设计、自主制造、自主建设和自主运营，并跨入了"自主创造"的新阶段，具备了形成自主知识产权三代核电技术的条件。2014 年 3 月，中国核工业集团和中国广核集团两大核电集团宣布，具有完全自主知识产权、中国三代百万千瓦级核电技术的"华龙一号"已完成设计，它标志着中国拥有了核电自主创新的能力，为自主知识品牌的核电机组走出国门提供了有利支撑。

山东荣成石岛湾核电站外景

目前，核电提供了全球 16% 左右的电能。截至 2014 年年底，中国核电装机 1988 万千瓦，核电的装机容量和发电量分别占全国总装机容量和发电量的 1.2% 和 2%。2014 年 3 月 24 日至 25 日，国家主席习近平在荷兰海牙举行的第三届核安全峰会上提出，发展和安全并重，以确保安全为前提发展核能事业。中国正着力提高核电比重，尽快核准建设东部沿海核电项目，稳步推进中部地区布局建设，加大开工投产规模。按照规划，到 2020 年，中国在运核电机组将达到 5800 万千瓦。

4 风光无限——风能、太阳能发电飞速发展

风力发电：十年成就世界第一

1229 年，荷兰人发明了第一座为人类提供动力的风车，

从此风车成为荷兰民族文化的象征，荷兰也被人们称为"风车王国"。

实际上，人类利用风能已有几千年的历史。中国是世界上最早利用风能的国家之一。东汉年间（25～220）刘熙在《释名》一书中称"帆，泛也，随风张幔曰帆。使舟疾泛泛然也"。这说明中国在 1800 年前已开始利用风帆驾船。在古典科学著作《天工开物》（1637 年，即明崇祯十年）中，更有关于风车的详细记载："扬郡以风帆数扇，俟风转车，风息则止"。

风能具有可再生、无污染、能量大等优点，风力发电是风能利用的重要形式。中国是风能资源比较丰富的国家，根据中国气象局 2012 年中国风能资源详查和评价结果，中国陆地（不包括青藏高原海拔超过 3500 米的区域）距地面 70 米高度的风能资源技术开发量为 26 亿千瓦，近海水深 50 米以内海域 100 米高度的风能资源技术开发量为 5 亿千瓦。风能资源丰富的地区主要有新疆、甘肃、内蒙古、东南沿海、东北、华北等。

中国的风力发电研究始于 20 世纪 50 年代后期，当时主要是为了解决海岛和偏远农村牧区的用电问题，重点在于离网小型风电机组的建设。70 年代末，中国开始进行并网风电的示范研究，并引进国外风机，建设示范风电场。1986 年，中国第一座风电场——马兰风力发电场，在山东荣成并网发电，拉开了中国风电商业化运行的大幕。此后，新疆、内蒙古、广东、辽宁、吉林、福建、浙江、海南、山东、河北、甘肃 11 个省区，陆续建设了一批风电场。到 2001 年年底，全国风电装机容量为 40 万千瓦。

进入 21 世纪，国家将可再生能源的开发提上了重要日程。乘着《可再生能源法》（2005 年颁布）以及各种鼓励扶持政策的东风，风电建设突飞猛进。2004 年年底，中国风电装机容量仅有 74 万千瓦，此后 5 年，几乎每年以翻一番的速度快速推进，到 2011 年，已达 6236 万千瓦，超过美国，成为世界第一风电大国。截至 2014 年年底，中国并网风电 9581 万千瓦。目前，风电已是中国继火电、水电之后的第三大电源。

随着风电技术的成熟和陆地空间的局限，海洋风电成为全球风电发展的重要方向。相比陆上风电，中国海上风电还处于起步阶段。2007 年，中国第一台海上风机在渤海油田建成投产。第一个近海风电场——上海东大桥风电场，于 2010 年 6 月建成。该项目是全球欧洲之外第一个海上风电并网项目，也是中国第一个国家海上风电示范项目。同年 9 月，全球首座潮间带风电场——江苏如东潮间带风电场成功建成，填补了世界

上海东大桥海上风电场

潮间带风电开发空白，并为国产海上风电机组走向成熟提供了试验平台。

延伸阅读

甘肃酒泉风电基地

汉武帝元狩二年（前121），年轻的骠骑大将军霍去病英勇善战，击败匈奴，汉武帝赐御酒一坛，犒赏有功将士，由于酒少人多，霍去病将其倒在泉中，与众共饮，"酒泉"因而得名。

酒泉市位于甘肃省河西走廊的西端，南依祁连山，北连马鬃山，总面积19.2万平方千米，几乎相当于两个江苏省大，其中40%的面积为戈壁荒漠。酒泉由于其特殊地理位置，成为东西风的天然通风道。

2009年8月8日，甘肃酒泉千万千瓦级风电基地建设全面启动，这标志着中国正式步入打造"风电三峡"工程阶段。这是国家继西气东输、西油东输、西电东送和青藏铁路之后，西部大开发的又一标志性工程。

冬日的酒泉瓜州县，一排排银白色的风力发电机在蓝色天空的映衬下，蔚为壮观，分外醒目。位于甘肃省河西走廊西端的酒泉市是中国风能资源丰富的地区之一，境内的瓜州县被称为"世界风库"，玉门市被称为"风口"。据气象部门最新风能评估结果表明，酒泉风能资源总储量为1.5亿千瓦，可开发量4000万千瓦以上，可利用面积近1万平方千米。10米高度风功率密度均在每平方米250～310瓦，年平均风速在每秒5.7米以上，年有效风速达6300小

甘肃酒泉风力发电场

时以上，年满负荷发电小时数达 2300 小时，且无破坏性风速，适宜建设大型并网型风力发电场。酒泉风电开发始于 1996 年，酒泉风电基地远景总装机容量为 3565 万千瓦，先期计划建设装机容量 1065 万千瓦。

在酒泉千万千瓦级风电基地开工之后，时任国家发改委副主任、国家能源局局长张国宝有感而发，写下了气势磅礴的《十六字令》，为酒泉新能源基地建设鼓劲助威：

风，

墙倾楫摧谁逞凶？

翻江湖，

山呼海啸涌。

风，

龙卷寒流天伤农，

飞砂石，

良田荒漠壅。

风，

千帆竞渡你发功，

力无穷，

避害可利用。

风，

巨轮降伏变电能，

取不尽，

清洁可再生。

风，

不教狂飙度玉门，

赛三峡，

河西展新容。

中国风机技术的引进成长

山东省荣成市电业局马兰风力发电场，是 1986 年建成的中国第一座"引进机组、商业示范性"风力发电场。该风场的建成，见证了中国风电发展从引进到消化、吸收的进程。

20 世纪 70 年代的第二次石油危机，使世界各国常规能源出现严重短缺。70 年代后期，中国开始改革开放，国民经济建设成为中心任务。然而，电力短缺成为制约经济发展的主要因素。为缓解电力供应的紧张状况、解决一些无电农村的用电需求，中国兴起了一场新能源特别是风能开发热潮。一大批 50～100 瓦的小型风力发电机在草原、大漠和边远地区得到广泛利用，但罕有千瓦以上的机型应用于工业化的范例。

从建设周期看，风能无疑具有解燃眉之急的优势。从造价上讲，低于水电、火电与太阳能。当时的千瓦造价不超过 2000 元，发电成本比较低。

为了开发利用风能，推动中国中型风力发电机的产业化发展，1983～1985 年，山东省政府和原航空工业部组织相关学科专家学者，对国际国内风能发展和利用状况进行广泛深入的考察和论证，提出了"引进机组、学习经验，旨在实用和便于推广"的风能开发利用方针。

那时，国际上虽然已经有了可以批量生产中型风力发电机的跨国公司，但由于改革开放初期中国严格的外汇管理制度，进口风机建设商业性风力发电场仍很困难。

马兰风力发电场就是在这样的背景下，按照计划经济管理模式和流程，由荣成市电业局报送《项目建议书》，山东省计划委员会批准项目，山东省和原航空工业部共同拨付外汇，山东省计委拨款 25 万元合资建设。项目由荣成电业局实施。

当时，国内缺乏建设风力发电场的经验，也没有可借鉴的先例。1984 年，山东省有关地方以及航空部等组团，在对美国、丹麦等一些欧美国家的风电场进行了广泛深入考察后，最终选择了丹麦维斯塔斯公司，向其购买 4 台 V15-55/11 千瓦风力发电机作为示范机组。协商四台机组（包括满足 5 年使用的维修配件、1 人的安装指导费和中方维护人员赴丹麦的培训费）到岸价 17.2 万美元。

此后，山东省政府派 5 人赴丹麦学习 1 个月，除了理论学习，还在维斯塔斯公司技术人员的指导下，进行了维修、定期检修、备件更换，以及故障排除等实践。1985 年 10 月引进机组到岸，并被运抵风电场，1986 年 5 月 1 日，所有风力发电机全部并网发电。

马兰风力发电场的示范作用是轰动性的。风电场建成后，先后接待过海南、内蒙古、广东等 18 个考察团队，接待过 37 批高校、院所和科研机构的专家学者团。当时中国基本上不具备制造风机的技术。荣成电业局原副局长刘鉴昭回忆了一个细节，足以反映当时国内的风机制造水平。

"为了学习技术，航空部与山东省决定锯掉一个风机叶片以作研究。当时的 550 厂认为，我们飞机螺旋桨都可生产，转速这么低的叶片怎么会做不了呢？"然而实际情况是，仿制的叶片 1 年以后就出了问题，后来再仿制出一片，运行了不到一年也寿终正寝了。这便是当时中国风机制造技术的真实写照。实际上，正是这样一点一滴的仿制学习，使中国的风机制造技术逐渐成长、成熟起来。

近年来，中国风电装机快速增长，并网风电装机容量

山东荣成马兰风力发电场

从 2009 年的 1759 万千瓦发展到 2014 年的 9581 万千瓦，随之而来的是中国风机制造国产化率不断提高，产能规模不断扩大，除了能够满足国内需求外，还可以面向全球市场出口。

科普小贴士

新能源发电

新能源发电，主要指风能、太阳能、海洋能、地热能、生物质能等可再生能源进行发电的新型发电方式。大部分新能源存在资源分散、能量密度低等问题，不同种类的新能源发电发展程度不同，风能、太阳能发展较快，已进入产业化阶段。这里主要介绍一下其他的新能源发电方式。

海洋能发电，包括潮汐能发电、波浪能发电、温差能发电、海流能发电、盐差能发电等。潮汐能发电是在涨潮落潮差比较大的地方利用水轮发电的发电方式。波浪能发电是水在风和重力作用下产生的波浪能作为动力源的一种发电方式。温差能发电是指将海洋吸收的太阳能转换为机械能，再把机械能转换为电能的发电方式。海流能发电是指利用海流的冲击力，将海水动能转换为水轮机机械能的一种发电方式。盐差能发电是指将江河淡水和海洋咸水交汇处产生的物理化学能转换成渗透压、蒸汽压差和机械转动等形式，再转换为电能的发电方式。

地热发电，是指利用以地下热水和蒸汽为动力源的发电技术。基本原理是将地热能转换为机械能，然后将机械能转变为电能。

生物质发电，是指将生物质的化学能变换成电能的技术。发电方式包括农林生物质直燃发电、生物质气化发电、垃圾焚烧发电、沼气发电、垃圾填埋气发电和生物质燃料电池发电。除生物质燃料电池发电是将生物质中的化学能直接转化为电能外，其他生物质发电方式是将生物质中的化学能一次转化为热能或机械能，最后转化为电能。

光伏发电：唱响光电交响曲

太阳是地球的生命之源。太阳能辐射到地球上，也成为21世纪最具大规模开发潜力的新能源之一。

将太阳能转换为电能的方式主要有太阳能光发电和太阳能热发电两类。目前，光伏发电是技术最为成熟的太阳能利用技术，已经在分散、小规模用电方面，如通信、道路照明、偏远地区用电中发挥了重要作用，正在向大型并网发电方向发展。光伏发电是利用太阳能电池（也称光伏电池）有效吸收太阳辐射，并使之转换成电能的直接发电方式。光伏电池主要有单晶硅电池、多晶硅电池和薄膜电池三大类。

科普小贴士

太阳能热发电

　　太阳能热发电包括太阳能热动力发电和太阳能热电直接转换两种类型。太阳能热动力发电，是采用反射镜把阳光聚焦起来加热水或其他介质，使之产生蒸汽以推动涡轮机等热力发动机，再带动发电机发电。也就是说，先把热能转换成机械能，然后再把机械能转换成电能。太阳能热电直接转换，即把热能直接转换成电能，包括利用温差发电、热离子发电、热电子发电、磁流体发电等原理，将聚焦的太阳热直接转换成电能。

　　光伏发电不受地域限制，规模大小随意，可以独立发电，也可并网发电，无噪声、无污染，不用架设输电线路，安全可靠，维护简便，具有其他发电方式无可比拟的优点。光伏发电节能减排效益也十分显著，普通家庭安装 2 千瓦的分布式太阳能电站，即可满足日常用电需要，年发电量可减少燃煤 1 吨，相当于植树 7 棵。

目前，中国太阳能光伏发电利用主要有三种形式：一是大型并网光伏电站；二是与建筑结合的并网光伏发电系统；三是独立光伏发电系统。根据三种形式的不同运行特点，在太阳能资源丰富、具有荒漠和闲置土地资源的地区适宜建设适度规模的大型并网光伏电站；在广大城镇适宜推广与建筑结合的分布式并网光伏发电系统；在偏远地区，结合解决无电地区人口的用电问题，适宜推广户用光伏发电系统或建设独立小型光伏发电站。

并网光伏发电系统

中国光伏发电产业于 20 世纪 70 年代起步，从 80 年代起开始推广 100 ~ 500 瓦的农牧民户用太阳能发电设备。后来实施光明工程，解决了边远地区无电地区 2300 万人民的生活用电问题。90 年代中期进入稳步发展时期。在世界光伏发电市场的强力拉动下，2002 年以后，中国光伏产业进入快速发展阶段，光伏电池产量以超常规速度迅速增长，2007 年，一跃成为全球最大太阳能光伏电池生产国，并延续至今。2009 年，中国正式启动金太阳示范工程。在一系列国家政策的有力引导下，国内光伏发电应用市场获得快速发展。2008年年底中国光伏发电装机容量为14万千瓦。截至2014年年底，全国并网光伏发电装机容量2652万千瓦。当前，中国工业硅生产已居全球第一位，硅片加工生产规模已达世界级水平，电池及组件产能和产量均居世界首位。中国已成为全球最大的光伏设备市场，并已形成一条较为完善的规模化产业链。

**中国第一座与高压并网的光伏电站、西藏建成的
第一座大型并网光伏电站——西藏羊八井光伏电站
（一期1万千瓦、二期2万千瓦）**

延伸阅读

**全球最大水光互补并网光伏项目——龙羊峡
"水光互补"光伏电站**

　　龙羊峡"水光互补"并网光伏发电项目，地处青海

省海南藏族自治州共和县恰卜恰镇以南约12公里处的塔拉滩。在共和县光伏发电产业园内，一期为320兆瓦，二期为530兆瓦。

青海的日照条件优越，地势平缓，荒漠、戈壁广袤而价廉，得天独厚的优势使青海成为中国重要的光伏电站基地。

龙羊峡水电站位于青海省共和县和贵南县交界处，装机容量128万千瓦（4×32万千瓦），是黄河龙青段梯级开发规划中的"龙头"电站。电站位于龙羊峡入口处，库容为247亿立方米，具有良好的多年调节性能。

龙羊峡水电站

水资源对于龙羊峡水电站来说是最宝贵的，除了汛期，龙羊峡水电站4台机组无法满发。因为种种原因，龙羊峡水电站从建成之日起就库容不足，水要省着用，因此送出线路也存在闲置问题。与光电打捆后，送出线路的年利用小时数比原来设计的 4621 小时提高了 300 多小时，盘活了存量资产。同时，水电站对电网系统的调节能力也增强了。

该项目最大的优势就是利用水光互补性发电，优化水电站丰水期、枯水期发电量偏差，解决光伏发电稳定性差的问题。当太阳光照强时，就用光伏发电，水电停用或者少发；而当天气变化或夜晚的时候，就通过电网调度系统自动调节水电发电，以减少天气变化对光伏电站发电的影响，提高光伏发电电能的质量，获得稳定可靠的电源。同时，水光互补性发电也提高了水电站对电网的调节能力和送出线路的利用率，为中国清洁能源利用提供了新型发展模式。

在水电站的调节下，水电与光电打捆的电能很稳定，32 万千瓦的光伏装机相当于水电站的新机组。这样一来就相当于龙羊峡水电站时刻保持 4 台机组满发的状态，但节约了水资源，为枯水期稳定发电提供了保证。

除了节水，节煤也成为"水光互补"模式的一大特点。"水光互补"模式的最大意义在于减少了电力系统的旋转备用容量。独立光伏电站备用的常规机组通常为火电机组，这些机组并不做功或者做功很少，但是煤耗是实实在在的。"水光互补"完全是清洁能源之间的优势互补，在节约煤炭的同时效率更高。

龙羊峡水光互补 32 万千瓦光伏电站

5 跨区输电——电力优化能源资源配置

电力的主要特点之一是生产、输送、分配和消费在同一瞬间完成。因此，发电、输电、配电和用电等各个环节要形成一个整体，这就是我们通常所说的电力系统。在电力系统中，所有的输电设备连接起来构成输电网，所有的配电设备连接起来构成配电网，输电网和配电网统称为电网。

中国以及世界电力工业发展历史均证明，电网的逐步扩展是电力工业发展的一条规律。电网是随着电源点的建设、电网技术的进步和社会对电力需求的增加而不断扩展的。大电网有利于在更大范围内实现资源的优化配置，实现水火电资源的优势互补，提高机组的利用效率，提高电网运行的可靠性和电能质量，减少系统的备用容量，而且为系统内建设更大容量的机组和电厂，实现更大的规模效益创造条件。

电网互联是当今世界电力发展的总趋势，电力发展水平越高，电网规模就越大。全国联网（即全国电网互联）是一个伴随电力工业发展的历史过程。实现全国联网，加强大区间电网建设，实现电力资源全国范围内的优化配置，从中国的现实条件来看是非常必要的。

随着电压等级的升高和电网规模的扩大，中国东北、华北、华中、华东、西北和南方六大区域电网逐渐成形，为全国联网打下了坚实的基础。1989 年投运的中国第一个超高压、大容量、远距离直流输电工程——±500 千伏葛沪直流工程，全长 1045 千米，实现了华中与华东电网的互联，也揭开了跨区联网的序幕。后来，西北与华北联网，西北主网与西藏、新疆联网等工程相继开工或审批，全国联网的基本框架逐渐成形。

从 2009 年起，中国电网规模已跃居世界第一位。截至 2014 年年底，全国电网 220 千伏及以上输电线路回路长度、公用变电设备容量分别为 57.20 万千米、30.27 亿千伏安。中国电网建设取得了举世瞩目的成就，在这巨大成就的背后，是一代代电力建设者默默无闻的付出。在大漠荒原之上，在崇山峻岭之间，电力建设者们栉风沐雨、风餐露宿，用自己的心血和汗水，架起了一座座现代化的电力铁塔，让一条条银线伸向祖国的四面八方……快速增长的发电装机容量和电网规模的不断扩大，使全国电力供需实现了从全面紧张到总体平衡。

延伸阅读

三峡输变电工程

三峡工程是目前世界上最大的水利枢纽工程。为消纳三峡的水电，三峡输电系统横贯中国中部，跨越8省2市，东西长约1300公里。一个巨大的三峡电网在中国中部崛起，其在全国联网和"西电东送"中具有非常重要的地位，建设成果辉煌。据统计，三峡输变电工程供电区域GDP约占全国的54%，惠及人口达6.7亿人，照亮了大半个中国。统计资料显示，三峡输变电工程总投资348.59亿元，总体建设规模为55个交流线路工程，总长度6519公里；33个交流变电工程，总容量2275千伏安；3条直流输电线路，总长度2965公里；6座换流站，总容量1800万千瓦。随着三峡输变电工程的完工和西部大开发步伐的加快，"西电东送、南北互供、全国联网"的基本格局已经形成。

截至2014年12月31日，三峡水电站全年发电988亿千瓦时，创单座水电站年发电量新的世界最高纪录，并首度成为世界上年度发电量最高的水电站。事实证明，三峡输变电工程不仅确保了三峡电力"送得出、落得下、用得上"，更为重要的是，三峡电网的建设促进了以三峡电网为中心的全国电网互联格局的形成，对加速实现"西电东送"通道建设目标、全面提高中国输变电工程建设水平都起到了重要作用。同时，三峡输变电工程充分保障了三峡工程综合效益发挥，引领中国输变电工程建设和设备制造技术整体升级，促进社会经济发展，获得巨大的经济、社会和环境等方面的综合效益。

西电东送

"西电东送"是贯彻落实西部大开发方针、实现资源优化配置的重要举措。大型水、火电基地的开发建设，带动了跨大区送电工程的实施，促进了全国联网；而全国联网因"西电东送"，又形成北、中、南三大输电通道的格局。

所谓"西电东送"，是指开发贵州、云南、广西、四川、宁夏、甘肃、内蒙古、山西等西部省区的电力资源，将其输送到电力紧缺的广东、上海、江苏、浙江和京津冀地区。根据规划，"西电东送"要形成三大通道：一是将贵州乌江、云南澜沧江和桂、滇、黔三省区交界处的南盘江、北盘江、红水河的水电资源以及黔、滇两省坑口火电厂的电能开发出来送往广东，形成"西电东送"南部通道；二是将三峡和金沙江干支流水电送往华东地区，形成中部"西电东送"通道；三是将黄河上游水电和山西、内蒙古坑口火电送往京津唐地区，形成北部"西电东送"通道。

从 20 世纪 80 年代末，红水河流域的水电站开始向广东送电，拉开了"西电东送"的序幕。龙滩水电站就是其中的一个标志性工程。龙滩水电工程位于红水河上游的广西天峨县境内，距天峨县城 15 公里，坝址以上流域面积 98500 平方公里，占红水河流域面积的 71%，其装机容量占红水河可开发容量的 35% ~ 40%，是国内特大型水电工程。工程总装机容量 630 万千瓦，年均发电量 187 亿千瓦时。工程建成后，50% 以上的电力送往广东，作为广东"十一五"期间的电源点被纳入电力电量平衡。

"西电东送"交流输电线路

中国的能源资源不仅天然气主要分布在中西部，石油、煤炭和水能等也多集中在中西部。东部地区原有的一些煤矿和油田经过多年开采，后备资源大多显得不足。在中国现代化建设蓬勃发展的今天，能源紧缺已成为一个突出问题。尤其是东部地区，能源紧缺成为许多地方经济进一步发展的主要制约因素。为了缓解能源紧缺的矛盾，除了"西气东输"工程外，"西电东送"也是一项十分重要的举措，输送电能要比直接输送一次能源更加安全、可靠、清洁、经济。因此，"十五"计划将"西电东送"工程作为"西部大开发"的重点建设项目之一，也是三大标志性工程中投资最大、工程量最大的工程。

2001～2010 年，"西电东送"总投资在 5265 亿元以上（不包括三峡水电站），在中国版图上可谓"遍地开花"。开工的工程之多，史无前例；单个工程的规模之大，也是罕见的。在中国电力建设史上，如此大规模的电源、电网建设也从未有过。

6 告别孤网——电力点亮世界屋脊

2010 年，国家决定开工建设青藏联网工程。张明勋身为西藏电建公司总经理，高兴得好几个晚上都没有睡好觉：几代人的梦想就要变成现实了！

青藏联网工程是迄今为止世界上最高海拔、高寒地区建设规模最大的输电工程，可从根本上解决西藏的缺电问题。青藏联网工程第七标段，是西藏电建公司有史以来承建的电压等级最高、施工难度最大的项目。工程位于唐古拉山，是平均海拔最高、建设环境最为恶劣的标段之一。你知道唐古拉的冬天有多冷吗？如果不戴手套，手一碰到冰冷的塔材，立刻就会被粘住。工地上没有饮用水，从 100 公里以外那曲镇买来的水，在回来的路上就冻成了冰……这里是人类生命禁区，零下 40 多摄氏度的低温呵气成冰，8 级以上的寒风把雪刮得横成一条线在飞。含氧量不足内地的 40%，头痛欲裂，呼吸困难，整夜无法入睡，这就是在唐古拉的高原反应。

但是，寒冷的冬天却是沼泽地冻土基础施工的最佳时机。为保证最艰难的 37 基沼泽地冻土基础施工如期完成，张明勋主动请缨，亲自担任突击队队长，现场指挥，一场攻坚战在高原打响了。在坚硬的冻土基础上作业，挖掘机像钻铁一样，只能一寸寸地掘进。在唐古拉山最高处的塔基施工中，由于大型机械上不去，张明勋就带领员工们用镐刨、用手捧，奋战了 26 天，才挖出 4 个 10 多米深的基坑来，难度可想而知。

高原反应把大家折磨得几近崩溃，有的同志一边吸氧、一边输液、一边坚持工作。鏖战两个月，他们终于攻下了 37 基沼泽地冻土基础施工这块硬骨头。在庆功宴会上，一个个像铁塔似的大汉情不自禁地流下眼泪，那是激动的泪水、胜利的泪水，泪水里凝结着艰辛和自豪。

与当年修建青藏公路和青藏铁路一样，青藏联网工程同样面临着"高寒缺氧、生态脆弱、冻土施工"三大难题，象征着冰雪，象征着严寒，象征着死亡的唐古拉山就在这里。然而，电力人硬是在这海拔 5283.6 米的地方矗立起了高 43 米的直流铁塔，这个 4294 号铁塔直刺天穹，成为青藏联网工程乃至世界输电线路海拔最高的铁塔。寂寞的五道梁、风雪的唐古拉、死亡的柴达木，处处都是电力人洒下的青春和汗水，是他们用科学无畏的精神挺起了中华民族的脊梁。

青藏联网工程施工现场

　　雪域高原、巍巍昆仑，一条电力巨龙翻山越岭，腾空而出。该工程实现了西藏电网与西北电网的互联，进一步提高大电网的资源优化配置能力，促进西部地区将资源优势转化为经济优势，实现更好、更快发展。

　　国道318线，连接四川和西藏的公路，又称川藏线。公路穿过青藏高原，景色壮美，吸引了全国各地爱好骑行的年轻人，骑行川藏线，这被认为是人生的一大挑战。

　　另一批年轻人正沿着另一条"川藏线"从四川往西藏方向突进。他们不是骑行客，而是普通的电力员工。和骑行客一样，这批以"80后""90后"为主的青年员工要克服天气多变、高原反应等困难，不同的是，摆在他们面前的还有紧张的工期、繁重的任务以及情感的孤独。

　　2014年3月18日，川藏联网工程正式开工建设。这是继青藏联网工程之后，又一项穿越高寒、高海拔地区的重大输变电工程。在平均海拔3500米以上的四川甘孜藏族自治州南部和西藏昌都地区，有70万农牧民用电得不到保障。川藏联网工程联结西藏昌都电网与四川电网，工程位于金沙江、怒江和澜沧江聚集的"三江"断裂带上，这里也是世界上地质构造最复杂、地质灾害分布最广泛的地区之一。工程全长1500多公里，沿线多为高山峻岭和无人区，平均海拔在3850米，最高海拔为4980米。为了保护高原生态系统，不影响濒危动物矮岩羊的繁衍生息，工程线路两次跨越金沙江，特意绕开了竹巴笼自然保护区，绕行4公里，增加了1000多万元的投资。而为了惠及更多农牧民用电，结合地理环境的设计需要，工程线路又在随后接连三次跨越金沙江，终于将国家电网主网与西藏昌都地区电网联通。

7 技术高峰——特高压输电领先世界

2002年以来，中国电网规模不断扩大，技术等级不断提高，跨省跨区500千伏骨干网架形成，特高压输电线路投入运行，电网稳定控制技术等领域取得突破。电网技术实现了由跟随到引领的转变。以自主创新为支撑，实现了特高压电网建设的历史性突破，交直流示范工程相继建成投运，中国全面掌握了特高压输电核心技术和全套设备制造能力，带动了民族电工装备制造业的创新发展。

特高压输电技术最大的特点就是可以长距离、大容量、低

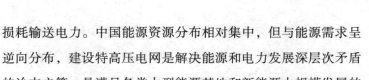

损耗输送电力。中国能源资源分布相对集中，但与能源需求呈逆向分布，建设特高压电网是解决能源和电力发展深层次矛盾的治本之策，是满足各类大型能源基地和新能源大规模发展的迫切需要，可以实现能源从就地平衡向大范围优化配置、更大范围统筹平衡的转变，实现"以电代煤、以电代油、电从远方来"。

特高压输电具有明显的经济效益。据估计，1条1150千伏输电线路的输电能力可代替5～6条500千伏线路，或3条750千伏线路；可减少铁塔用材1/3，节约导线1/2，节省包括变电所在内的电网造价10%～15%。1150千伏特高压线路走廊约仅为同等输送能力的500千伏线路所需走廊的1/4，这对于人口稠密、土地宝贵或走廊困难的国家和地区会带来重大的经济和社会效益。

特高压直流输电

国际上，高压直流通常指的是±600千伏及以下的直流输电电压，±600千伏以上的电压成为特高压直流。就我国而言，高压直流指的是±660千伏及以下直流系统，特高压直流指的是±800千伏、±1000千伏直流系统。2010年6月18日，中国第一个特高压直流输电自主化示范工程——云广特高压直流输电工程正式投入运营。这是南方电网科学研究院直流输电技术研发团队，经过4年多努力建起的中国"电力高速公路"，中国完全拥有自主知识产权。

云广特高压直流输电工程是世界上第一条±800千伏直流输电线路，也是中国特高压直流示范工程，无经验可循。

而工程建设需要突破诸多技术问题，其中不少属于目前世界上最前沿的技术。电压升至±800千伏，又地处云贵高原（楚雄换流站为目前世界上海拔最高的换流站），对设备绝缘水平的要求是其他同类工程不可比拟的。2009年的一天夜里，云广特高压直流输电工程进行最后一次关键闯关，即冲击800千伏电压试验。当电压上升到700千伏时，电压出现剧烈波动。工程紧迫，第二天电压必须升至800千伏。在这种情况下，工作人员迅速组成临时攻关小组，彻夜排查，终于赶在天明之前解决了问题。这个过程的艰难程度为常人所难以想象，仅集控的程序，打印出来就有几千页，参数有上万个。该项工程的建设，在许多技术领域和设计制造能力等方面实现了重大突破，带动了中国输电技术和装备制造水平的升级，推动了中国特高压输电技术的发展。工程综合自主化率达到62.9%，标志着中国电力技术、装备制造水平在世界输变电领域占领了新的制高点。

特高压交流输电

特高压交流输电是指1000千伏及以上电压等级的交流输电工程及相关技术，具有输电容量大、距离远、损耗低、占地少等突出优势。由国家电网公司负责的特高压交流输电关键技术研究、设备研制及工程应用是国家重点工程。

2006年8月，中国首个特高压交流输变电工程——晋东南—河南南阳—湖北荆门1000千伏特高压交流试验示范工程，经国家发改委核准后开工建设，于2008年12月30日建成投入试运行，2009年1月6日正式投运。目前，该系统运行稳定，设备状态正常。该工程是目前世界上运行电压最高、技术水平最先进、中国具有完全自主知识产权的交流输变电工程。工程全长约 640 公里，工程动态投资 57.36 亿元，其中设备投资约占一半，设备国产化率达到 90%。2013 年 9 月，世界首条 1000 千伏同塔双回特高压交流工程——"皖电东送"正式投运，标志着中国特高压建设又取得新成果。

看似平凡的工程建设，却是多少电力人的默默付出。在南阳站特高压系统调试现场，中国电科院电力系统所总工程师班连庚担任试验指挥。白天，他为推动试验顺利开展费心劳神；晚上，他还要认真审阅调试日报的每一项内容，为第二天的试验做好准备，经常通宵达旦、加班加点……有人说他是硬汉，是铁人。一次，班连庚正在处理一个紧急事务，突然接到母亲病危的电话，叫他赶紧去医院。在焦急万分时，手头的工作同样刻不容缓，他在略微迟疑后，仍然立即投入工作当中。事情处理完他才以最快的速度奔往医院，此时，母亲经抢救已脱离了危险，班连庚伏在病床前，看着仍然昏迷的母亲泣不成声。

2013 年 1 月 18 日，中共中央、国务院在北京人民大会堂举行国家科学技术奖励大会。"特高压交流输电关键技术、成套设备及工程应用"荣获国家科学技术进步奖特等奖，这是中国电工领域在国家科技奖上获得的最高荣誉。

中国的特高压输电技术还走出了国门。2014 年 7 月 17 日，国家电网公司与巴西国家电力公司签署了《巴西美丽山特高压输电项目合作协议》，该项目是我国首次对外输出特高压技术。巴西美丽山水电送出项目是巴西第二大水电站——美丽山水电站（设计装机容量1100万千瓦）的配套送出工程。项目工程范围包括特高压直流输电部分及500千伏交流配套工程部分。其中，一期工程包括±800千伏欣古—米纳斯特高压直流输电线路以及两座换流站，线路长度2092公里，预计2017年投运。该项目为美洲第一条±800千伏特高压直流输电线路，可将巴西北部的电力资源直接输送到东南部的电力负荷中心。

可以预见，随着世界范围内远距离输电需求的不断增长，具有完全自主知识产权的中国特高压输电技术必将进一步走出国门，引领世界。

六　电力改变生活

人类社会进入现代文明时代后，电力成为经济社会发展须臾不可或缺的最重要的能源。保障人民生活、生产用电，对提高人民的生活质量和满足人民日益增长的物质和精神文化需求发挥着极为重要的作用。

电力行业企业通过户户通电等普遍服务，为神州大地的每一个角落带来光明。电力行业坚持"人民电业为人民"，坚持以客户为中心，坚持提供更加优质的电力服务，进而为国计民生提供更便捷的用电和高质量的电能保障。

智能电网将影响人们生活的方方面面。智能电网让人们更加自由地选择电能，给予人们更多的用电选择方式；让人们更加便捷地使用电能，高效灵活地在线互动服务，定制更加个性化的用电服务，即插即用、随时随地便捷充放电，享受电量、电费的自动结算；让人们选择更加绿色的生活方式，更加充分地利用清洁能源，更大程度地节约能源。

1 户户通电——让每个家庭都用上电

点着昏暗的煤油灯，日出而作、日落而息，"点灯靠油，拉磨靠驴"，曾经是中国广大农村群众生活的真实写照。但这些不再属于中国农民，户户通电，改变了这一切。

当前，从世界范围来看，全球仍有十多亿人口未用上电。我国的四川、甘肃、青海、新疆、西藏等偏远的地区还有一定数量的无电人口，但中国实现全部通电将不再遥远，2015年年底将全部解决无电人口的用电问题。

1996年2月，山东省在全国率先实现户户通电。到2005年，山东省农村每百户居民家庭拥有彩电91台、电冰箱29台、洗衣机41台、热水器15台、空调4台、微波炉2台、家用计算机2台等，远在乡村的农民群众因为电的到来，也过上了现代化的小康生活。

然而，2006年之前，"楼上楼下，电灯电话"对我国数百万居住在边远地区的农牧民来说，仍然是一个梦想。梦想的实现并没有让他们等得太久。2006年3月，国家电网公司全面启动供区内农村"户户通电"工程，2007年，南方电网公司也加快解决供区内无电人口的用电问题，当年投资约33亿元，通过电网延伸解决了41万户无电人口的用电问题。

政企合作、共谋发展的机制，是"户户通电"工程得以顺利推进的重要保证，而强烈的社会责任感则是驱动"户户通电"工程快速推进的加速器。国家电网公司与经营区域内尚未实现"户户通电"的19个省（自治区、直辖市）政府先后签署了"户户通电"工程会谈纪要，各省（自治区、直辖市）政府把此项工程列入当年政府待办大事日程，并成立了以政府分管领导为组长的"户户通电"工程领导小组，有力地保障"户户通电"工程顺利实施。

"户户通电"工程无疑是一场攻坚战。无电户基本分布在自然条件十分艰苦的边远地区，那里交通不便，经济落后，面临资金短缺、实施难度大等问题。施工人员跋山涉水，不畏艰难，将一基基电杆、一捆捆导线背进地处深山的施工点。在甘肃环县曲子镇楼房子村阳山塬组施工时，由于路不通，车辆进不去，供电员工就肩挑背扛，抬着电杆在泥路上一步步地挪，等到了村口，肩上、背上都是血泡。快些，再快些，怀揣让农民群众早日用上电的愿望，施工人员顶风冒雨，加班加点，只争朝夕。

户户通电是电力行业提供普遍服务的具体实践。电力普遍服务就是在全国范围内任何用户都能以合理的价格，通过某种可行方式，享受到具有一定质量保证的、非歧视性的基本电力服务。中国的电力普遍服务就是让电走进千家万户，让每一位中国人都能用得上电、用得好电、用得起电。

国家和电力行业大力支持户户通电。无电地区和无电户大多散居在偏远山区、海岛或戈壁滩，远离大电网，工程投入巨大。平均每户投资1.33万元，通电成本是正常农村通电成本的10倍以上。青海、新疆、西藏、四川等省区的部分偏远地区，每户投资达3万~4万元。如果按照农户月正常用电量50

千瓦时（事实上，偏远地区农户基本达不到）计算，可供家庭用电100年。但是，电力行业本着普遍服务的原则，确保了"户户通电"按既定目标快速、有序推进，提前完成通电任务。

至2012年，南方电网公司已全面实现了"户户通电"，为边疆、山区和少数民族地区的225万群众送去了光明。国家电网公司供区内，由于少数民族生活聚居区不断变动，新的无电区则不断出现。尽管如此，2014年，国家电网公司加快无电地区电力建设，全年共解决86.6万无电人口的通电问题。甘肃、新疆、青海先后实现电网覆盖范围内户户通电。海拔5200米的珠穆朗玛峰大本营也正式通电，国家电网通过大电网延伸方式，点亮了世界海拔最高的地方。

延伸阅读

送电到独龙江

独龙族是全国人口数量最少的少数民族之一，约7000人，是全国最后一个没有实现通电的民族。独龙江乡是我国独龙族唯一的聚居地，位于云南省怒江傈僳族自治州北部的独龙江峡谷中，地处中缅边境、滇藏结合部。西南与缅甸接壤，北靠西藏自治区察隅县察瓦龙乡，并与印度接近，平均海拔4000米。独龙江乡境内山高谷深，沟壑纵横，每年从12月到次年5月，大雪封山，与外界隔绝，是全国最贫困的民族地区之一。

独龙江乡"户户通电"工程是我国施工条件最危险、最困难、单位投资成本最高的工程。截至2008年，独龙江全乡仅有6个村民小组有电可用，其他34个村民小组、927户人家仍处于无电状态。为了解决独龙族同胞的用电问题，自2008年起，南方电网公司"户户通电"工程队伍挺进独龙江。独龙江乡地势陡峭，树木茂密，物资运送及架线十分困难。在肖切村通电工程中，为了将50根电杆运上山顶，20多名施工人员肩扛手抬，一个月时间才完成搬运。

　　电力行业始终肩负着推动社会发展的社会责任，全面推进户户通电工程。2012年9月，独龙江"户户通电"工程全面告捷，独龙江乡全部行政村、自然村和户通电率均实现100%，结束了独龙族人民点煤油灯的历史。

独龙江乡通电工程建设现场

"户户通电"工程已经成为矗立在几百万通电农民群众心中的丰碑。"户户通电"代替了油灯烛光，为农民群众致富奔小康提供了基本的电力保证，为老百姓铺了一条致富的光明路，让他们的生活更加丰富多彩，使他们拥有了一个走向美好生活的新希望。

2　温馨服务——"95598，亲情服务每一家"

在日常生活中，大家都知道 110 报警、120 急救、119 火警等社会常用应急电话。应急电话能够帮助我们及时解决突发的危难，保障我们的生命、财产安全和日常生活的正常运转。95598 和这些电话一样，也与我们的生活息息相关。95598 是统一的电力服务热线电话号码。当家中突然断电、产生用电困惑或者发生用电故障时，拨打 95598 能够帮助我们解决用电困难，保证及时用电、放心用电。

95598 作为电力系统公用的客服热线，已经成为中国电力行业服务的一个品牌。"95598，亲情服务每一家"。95598 是24 小时受理业务咨询、信息查询、服务投诉和电力故障报修等，只要是与供电服务相关的事情，都可以拨打它来进行咨询解决。

95598 的诞生，是人民群众迅速增长的用电需求和供电企业主动提升服务水平共同作用的结果，成为电力行业坚持"人民电业为人民"服务理念、实现供电服务转型的标志性事件。

　　2001 年，当时的国家电力公司决定，用两年左右时间建成一个覆盖全国且具有先进水准的电力客户服务系统。当年10月，国家电力公司下发《关于建设"95598"客户服务系统的实施意见》和《"95598"客户服务系统建设规范》两个文件，要求所属各网省公司开通 95598 供用电服务电话系统，并对建设的总体目标和基本原则等做了规定。同年 12 月，浙江绍兴电力局 95598 系统率先上线。经过加紧建设，2002 年全国已有 50% 的地（市）供电企业实现了 95598 平台的应用。

　　早在 95598 热线普遍开展之前，上海在 1994 年便使用了中国最早的电力服务热线，上海电力局成立全国第一家用电服务中心，以每班七八人的人力配置，开始了每天三班 24 小时轮转的承询工作，服务热线电话为"63292222"。2003 年 7 月，"63292222"也更改为全国电力特服号——"95598"，后来又加入"110"社会联动网络，响应社会用电求助，树立上海电力的良好社会形象。

　　十多年以来，95598 的服务功能日益增强。目前在电力服务水平领先的地区，例如北京，拨打 95598 还能进行电费预支。2014 年以来，生活在北京的人们，当未及时购电并用尽已购电量时，家中突然断电再也不用着急，拨打供电热线95598，就会让您"透支"30 元电费救急。这归功于北京电力公司于 2014 年 1 月推出的"远程应急送电"服务，此项服务功能开通后 5 个月内已为 21238 户（次）居民解了燃眉之急。

目前，95598 的服务手段不断创新。95598 服务热线与95598 互动服务网站，一起为用电客户提供周到、及时、满意的服务。用电客户通过使用 95598 互动服务网站，足不出户可以实时查询自身用电量情况、交费购电情况、欠费及余额情况，及时进行用电调整或交费购电。客户在使用网站服务过程中出现任何问题，可随时拨打 95598 服务热线进行咨询并获取帮助。

在著名的冰雪之城哈尔滨也有一个代表 95598 的响亮品牌，他是以电力职工李庆长的名字命名的服务队。为了让需要帮助的群众能及时找到他，李庆长把自己的电话直接连在95598 服务热线上。2004 年 6 月 23 日，哈尔滨东风监狱电力开关突然跳闸，技术人员立即进行抢修，但四次合闸均告失败，监狱内漆黑一片。而此时，东风监狱关押了 2000 多名服刑犯人，情况非常危急。尽管监狱并不在哈尔滨电业局的服务范围内，值班干警李万江还是通过热线电话和李庆长取得了联系。李庆长和他的同事们接到电话后迅速赶到现场，耐心排查用电故障，以最快的速度恢复供电，让监狱避免了因停电导致的犯人躁乱和失控现象的发生。

3 抗灾保电——电力人冲锋在前

人们的生活常常受到地震、台风、冰雪、洪水、干旱等自然灾害的威胁。自然灾害导致人们的生活断水、断电，破坏人们的住宅、交通，让灾区人民的生活雪上加霜。抗灾保电迅速、及时恢复电力供应，能及时挽回灾区人民生命和财产损失，是帮助灾区人民渡过难关的重要保障。

电网安全事关重大。目前，我国电网实行五级调度管理。科学的调度、高度自动化的安全控制和保护技术，成为保证电网安全稳定运行和可靠供电的重要手段。

在抗灾保电中，电力行业能够迅速组织大批电力员工参与抢险，通过科学的电能调度，以最快的速度恢复灾区供电，保障灾区人们正常的生活和抢险工作的进行。

同样，在国家重大活动中，安全可靠的电力供应是保障活动顺利进行的坚强后盾。在重大活动中，电力企业肩负保电重任，通过调集人员、精密安排和科学电力调度，确保活动安全可靠供电。

2008 年，是中国历史上悲喜交加的一年。年初，遭遇了历史罕见的南方大面积雨雪冰冻灾害；5 月，遭遇了 8.0 级致使 7 万人丧生的汶川大地震；8 月，举办了世界瞩目的奥运会。这一年，在中国电力发展史上，写下了浓墨重彩的一笔。电力企业在抗冰灾、抗地震、奥运保电中勇担当，冲在前，提供了坚强、可靠的电力供应。

2008 年 1 月 10 日开始，一场特大冰雪袭击了中国南方 19个省区市，其影响范围之广、所造成的灾害之重为历史罕见，属 50 年一遇，部分地区为百年一遇。受冰冻雨雪灾害影响，中国南方大部分地区交通中断，电力、供水设施遭受重创，春运受阻，群众日常生活受到严重影响。时值春运高峰，截至 1月 30 日，滞留在广州的旅客已经从最初的 5 万人激增到 80 万人。

雨雪冰冻灾害给电力系统安全稳定运行和电力供应造成了极大威胁，13 个省（区）的电力系统运行受到影响。持续低温使雨雪凝冻在电线、电杆、铁塔上，有的输电线凝冻成直径 10 公分左右粗的冰柱、冰绳，悬在空中的冰冻电线拉倒了不堪重负的高压线铁塔或中低压电线杆，造成大面积停电，而且许多是位于崇山峻岭之中的铁塔，修复起来极其困难。其中，贵州、湖南、江西等地灾情最为严重。全国因灾停运的电力线路 36740 条，因灾停运的变电站 2018 座。灾害共造成全国 170 个县停电，湖南郴州和贵州的部分地区停电天数超过了 10 天。此外，灾害还对 26 个电气化铁路牵引站供电造成影响。

面对这场灾害，国家电网公司在很短时间内从 23 个网、省公司调集技术骨干 3 万余人日夜兼程奔赴灾区，总计 26.6 万人夜以继日地开展抢修和恢复重建工作；南方电网先后调集 16 多万名抢修人员日夜奋战在抗冰保电最前线。电网企业组织调集数十万吨计的导线、塔材、工机具，数万公里计的光缆、电缆等物资支援灾区，加大跨区、跨省电力支援灾区力度，确保主电网安全，确保京广、京九线等铁路大动脉安全供电，以及重要用户和人民群众的生活用电。电网企业紧急调集 3500 多台应急发电车（机），保障春节期间灾区电力供应。

电力系统先后有 10 位员工在抗冰抢险的战斗中献出了宝贵的生命。经过近两个月艰苦卓绝的奋力拼搏和各方面的团结努力，春节期间人民群众的基本生活用电以及铁路、通信、金

抗冰保电工作现场

融等重要用户的供电需求得到了保障，受灾严重地区的农村供电率达到86%。广大电力员工与全国人民一起，最终渡过了冰灾难关。

2008年5月12日，四川汶川发生8.0级大地震，给震区人民的生命财产和社会各界造成了极大损害，震区许多电厂、水电站、变电站、供电线路遭受了严重损毁。一方有难，八方支援。电力企业迅速启动应急预案，积极参加抗震抢险救灾工作，第一时间为灾区各级指挥系统、医疗救护、抢险单位、灾民安置场所等供电，千方百计地保障灾区电力供应。灾难面前，历经锤炼的电力铁军以高度的社会责任感和顽强的意志，反应迅速，积极应对，克服供电保电遇到的艰难险阻，经受住了严峻的考验，为灾区人民带来了光明和希望。在"5·12"大地震中，国家电网公司遇难和失踪员工达405名，经营区域内 23 个地市 110 个县的供电系统遭到破坏，直接经济损失超过 120 亿元，恢复重建需投入 736 亿元。地震发生后 12 分钟，国家电网公司启动应急预案，建立了跨部门、跨单位、跨专业的应急抗灾体系，把抢救生命放在首位，紧急调集 4300 余名电网抢修技术骨干、268 名医疗技术骨干、242 台大型机械和抢险车辆、1205 台发电机（车）奔赴灾区，争分夺秒地挽救生命和抢修受灾地区供电设施。南方电网公司，华能、大唐、华电、国电、中电投五大发电集团，电建企业和川陕地方电力企业等，都全力以赴参与到抢救生命、抗灾保电、恢复生产之中。国家电网公司赶赴灾区的 12 支医疗分队累计医治伤病人员就达 7000 多人次。经过两个多月的奋战，国家电网五省一市电力公司对口援建四川省汶川、茂县、小金、松潘、北川、理县 6 个受灾县地方电网的抢修恢复工作全面结束。参与抗震救灾保电的各个电力企业，也都完成了抢修恢复和灾后重建工作。中国电力人豪迈地谱写了同舟共济、攻坚克难、抗灾保电的英雄史诗。

2008 年让人欣喜的是，我国成功举办了 2008 年北京奥运会。可靠供电是奥运会能否成功举办的重中之重，这已经成为共识。尽管已经成功执行过多次重大保电任务，但电力企业仍把奥运保电作为一个新的起点，提前开展了扎实而富有成效的工作。

从 2006 年 6 月开始，在近两年的时间里，国家电网公司实施"迎奥运电力强'0811'工程"，北京地区新增 5 座 500 千伏变电站，新增变电容量 1694 万千伏安，投产 110 千伏及

2008 年 5 月 12 日 23 时 30 分，绵阳电业局为
北川中学救援现场保电

以上架空线路 842 千米，电缆 98 千米，电网供电能力提高了
33%；在各协办城市开展奥运配套电网工程建设，提高电网安
全稳定水平。这意味着，所有奥运比赛场馆及相关重要场所，
均具备至少两路不同方向的外供电源，任意一座 110 千伏或
220 千伏变电站发生全停事故，都不会影响奥运场馆的正常用
电。

　　国家电网公司作为北京奥运会、北京残奥会的战略合作
伙伴和最重要的电力供应商，创造了我国电力工业历史上大
型国际性活动电力可靠性接近 100% 的奇迹，以电力保障万
无一失的出色表现，确保了两个奥运会开闭幕式、各项赛事、
重要外事活动、国家领导人出席的各项涉奥活动的安全可靠
供电。

供电保证团队人员对奥运场馆供电设备进行例行检查

4 美好明天——智能电网让生活更美好

秋高气爽，当你经过了一天的辛苦工作回到家时，所有家电已按照预约模式启动，空调已适时提前开启，室内温度凉爽适宜，热水器中洗澡水已烧好待命，电饭煲中早已是饭香四溢。这样的生活令人舒心而愉悦。这是科幻电影中未来生活的场景，还是比尔·盖茨"未来之屋"里的专属享受？都不是，这样的生活在我国北京、上海、天津等新建的智能用电小区中就能实现。

过去，人们的生活常常受到突然停电的困扰，因为突然停电，正在观看的引人入胜的电视片、正在运行的电梯、正在烧水做饭的家用电器等，都会戛然而止，让人们束手无策，生活顿时陷入黑暗和混乱之中。生活中，人们对于电的到来、离去和使用，一直很被动。而今，智能电网的出现让人们可以通过手机、网络远程控制各种家用电器，进行日常生活用电管理。人们只需在办公室轻点鼠标或通过手机传送指令，家中的热水器、电饭锅、空调等就会提前进入工作状态或者断电，手机上还能实时显示电价高低，提供家庭最优用电方案，当家中电能快耗尽有停电可能时，手机也会及时提醒，生活中越来越可以根据每个人的个性化需要更加自主地使用电能。智能电网的出现及应用，消除了人们的用电烦恼，使人们对用电做到可测、可量、可管、可控。

40 年前，互联网的发明彻底改变了人类分享资讯的方法；40 年后，智能电网的发明也使人们的生活发生了前所未有的变化。智能电网，简单地说就是电网的智能化，是将通信技术、信息化技术、控制技术、计算机技术和传统物理电网整合成一个高度集成的新兴网络，利用科技手段改变并提升人们的生活质量。2009 年 5 月，国家电网公司率先提出发展坚强智能电网，正式拉开了我国智能电网发展的序幕，并逐步展开了试点。2010 年，我国智能电网建设首次写入《政府工作报告》，标志着正式上升到国家战略层面。在政府、行业、企业的相互配合下，我国智能电网建设正有序进行，并跻身于国际智能电网建设的领先行列。

截至 2011 年，国家电网信息通信有限公司在全国 33 个城市，陆续启动了电力光纤到户、智能用电小区等 35 个示范和试点工程，总计 3.59 万户的建设工作。通过电力光纤到户等信息通信技术发展智能小区、智能园区的一系列探索，一扇通向未来"智能用电"新生活的大门，正在为人们开启。

延伸阅读

中新天津生态城——智能电网带动下的"未来之城"

在中新天津生态城嘉铭红树湾智能小区，居民已经过上了智能用电的美好生活。在这个小区里，阳台上都安装着太阳能光伏板，厨房和卫生间都连着太阳能热水器，水温保持在33℃，居民生活用电的20%都来自太阳能这种清洁能源。作为国内首个智能电网综合示范工程，生态城将电力光纤和信息技术融合，小区居民实现了家居生活的智能化，见证了智能电网带动下的"未来之城"。

嘉铭红树湾小区每家每户都接入光纤复合电缆，室内配备智能用电终端和智能插座。利用以上配置，业主可以随时掌握用电负荷、电能消耗、电价等信息，获得最适宜的用电方案，并可对家用电器进行远程操控。而智能电网的建设，使生态城分布式电源的利用更加顺畅和充分。生态城内的诸多分布式电源投运后，既可独立于公共电网直接为用户提供电能，又可将其接入配电网，将电能输送至公共电网。

智能电网让人们的住宅更加智能化的同时，电动汽车也走入人们的生活，改变着人们的出行方式。零污染、低噪声、驾驶方便、耗能经济的电动汽车，越来越成为人们乐意选择的交通工具。智能电网的应用使电动汽车走入百姓日常生活。

虽然电动汽车有很多使用的优点，但充电难成为消费者和驾驶者选择电动汽车的最大障碍。而今电动汽车充电难问题终

天津生态城智能小区内的风光互补路灯

于有了飞跃式进展。

2015 年 1 月 15 日，国内首个高速公路跨城际快充网络——京沪高速快充网络全线贯通。1 月 10 日，一支电动汽车车队从上海嘉定安亭快充站出发，途径上海、江苏、山东、河北、天津、北京六省市，行程 1262 公里，历时四天，沿途亲身体验了京沪高速上 27 座快充站的充电服务，于 1 月 13 日顺利抵达北京。

国家电网公司在京沪高速沿线建成 50 座快充站，平均单向每 50 公里一座快充站，电动汽车最快可在 30 分钟内充满。充电站电价每千瓦时 0.65～0.8 元，同等里程电费支出仅为燃油车的一半，从上海开到北京，全程充电费用不到 400 元。

目前，国家电网已建成 2.4 万个充电桩，形成京沪、京港澳（北京—咸宁）、青银（青岛—石家庄）"两纵一横"网络，续行里程2900公里，规模为世界之最。充电桩可为所有符合国标的电动汽车充电。

　　克服了充电难题，喜欢电动汽车的人们在选择出行工具时再无充电障碍的后顾之忧，使生活更绿色、更自主、更灵活。

电动汽车充电站

　　智能电网的使用让人们更自主地支配电能。电力光纤系统能充分地为每个普通人服务。你家屋顶上的太阳能发电板所发

的电，可以选择自己使用，也可以送给电网，结算成现金自动
存入你的银行卡中；在每天电价高峰阶段，可以通过家庭储能
保证家中空调、微波炉等家用电器的用电，在夜间低谷的时候
再将电充回电池中。由此带来的低碳生活、智能生活，舒心美
妙。

延伸阅读

家庭屋顶电站——既用电又发电

电表"倒着转"！家庭既用电又卖电，这是发生在青
岛市北区夹岭沟小区的真人真事。户主名叫徐鹏飞，是一
名电子工程师。2012 年年底，徐鹏飞在自家楼顶上安装
了 9 块光伏发电板，从申请安装到并网发电，整个过程仅
用了 18 天。除满足自用外，富余电力还被电网全额收购。
这是我国首个成功并网的居民屋顶光伏电源，徐鹏飞也被
称为"中国家庭光伏电站第一人"。从总账本来看，15 年
徐家可以将成本收回，按照 25 年的使用寿命计算，徐家
不仅能免费用电还能净赚万余元。

自国家允许居民屋顶电站并网后，越来越多的"光
伏电站第一人"陆续出现，有不少人还走上了光伏创业
之路。随着电力技术的发展，居民使用电能的方式越来越
多样化、越来越自主、越来越便捷。

未来的工业革命将以能源互联网的形成为标志，随着智能
电网的发展，未来的能源供应模式是能源互联网模式。在即将
到来的时代，人类将创建一个能源互联网，让亿万人能够在自

徐鹏飞和他的屋顶电站

己的家中、办公室里和工厂里生产绿色可再生能源。多余的能源则可以与他人分享，就像我们现在在网络上分享信息一样。

近年来，互联网尤其是移动互联网的迅猛发展对人们的生活产生了革命性的影响。电力作为一种24小时不断变化价格的新型商品，将成为电动汽车、智能家居及互联网应用等多个行业的交叉点。在能源互联的模式下，我国必将加快发展智能电网，促进更大规模清洁能源的并网消纳，让越来越多的人用上低碳清洁的电力。

电力让生活更美好，你我他，乐在其中。

互联让能源更聪明，这一切，值得期待。

七 电力发展大事记
（1879~2014）

1879 年

5 月 28 日　毕晓浦在上海进行弧光灯发光试验，获得成功。中国大地第一盏电灯在上海问世。

9 月 9 日　左宗棠创建的福建马尾船政购得一套电灯设备，9 月 9 日晚在船政衙门后院的寺庙前进行首次试验展示。

1882 年

4 月　英国人立德尔等招股筹银 5 万两，成立上海电气公司，并在南京路江西路口建发电厂，安装一台 16 马力（约 11.93 千瓦）蒸汽发电机组，沿外滩到虹口招商局架设 6.4 千米电线。

7 月 26 日　中国第一家发电公司上海电气公司正式投入商业化运营，下午 7 时开始发供电，沿外滩至虹口招商局码头的 15 盏电弧灯发出耀眼的光芒。中国电力工业的发展由此拉开了序幕。

1883 年

5 月 上海电气公司在乍浦路建新电厂，并在百老汇路立杆放线，办理用户报装用电业务。

6 月 上海外滩一带道路照明全部用弧光灯替代了煤气灯。

1888 年

7 月 23 日 两广总督张之洞从国外购入 1 台发电机和 100 盏电灯，广州开始有电。

12 月 北洋大臣李鸿章由丹麦购进 1 台 15 千瓦发电机，安装在西苑（今北京中南海西门外），设西苑电灯公所，专供宫廷照明用电。

是年 台湾巡抚刘铭传在台北创立台湾兴市公司，以小型燃煤发电机组发电。

1890 年

11 月 9 日 李鸿章于 1888 年 12 月在旅顺口委托德国人德威尼承包兴建的北洋水师旅顺大石船坞电灯厂竣工发电，于坞边共装大小电灯 49 盏，供修船时照明。

1891 年

9 月 27 日 清政府从德国购进 1 台 20 马力（约 15 千瓦）的发电机，安装在颐和园宫门外东南角，并设颐和园电灯公所，专供园内用电。

1892 年

冬季 清政府创办的湖北织布官局安装 1000 马力（约 736 千瓦）发电机，除作织布设备动力外，还供 1140 盏灯照明用电。

1894 年

清政府开办北洋水师大沽造船所，安装 2 台 47.5 千瓦直流发电机，供本厂照明。

1897 年

2 月 16 日　陆肖眉等在杭州创办浙江省电灯公司，元宵节试灯，7 月由裘吉生接办，改名杭州电灯公司。

7 月　江苏苏纶纱厂在苏州盘门外建成，装有以蒸汽机为动力的 38.5 千瓦直流发电机，供厂内照明用电。

1898 年

德国商人朴尔斯曼在青岛市河南路上安装 2 台西门子 50 马力（共约 75 千瓦）柴油发电机发电，供驻青岛德军设施和机关用电。

1901 年

英商旗昌洋行在广州五仙门承办粤垣电灯公司，安装 4 台容量共 546 千瓦蒸汽发电机组投产。

1902 年

10 月　沙俄东清铁道公司在大连动工兴建安装的 4 台机组、总容量约 720 千瓦的大连发电所建成发电。

1903 年

俄国商人在内蒙古胪膑（今满洲里市）开办电灯厂，安装 1 台 40 千瓦蒸汽发电机，以 220 伏直流供电。

是年　河南安阳人马克森同山西郑子固、安徽徐仙州等筹资 150 万元兴办安阳广益纱厂，安装 470 千瓦蒸汽发电机，供该厂用电。

1904 年

4 月 26 日　比商天津电车电灯有限公司正式成立，根据契约规定，该公司供电范围以鼓楼为中心，半径 6 华里，50 年为限，期满后无偿交给中国政府。

1905 年

夏季　黑龙江中东铁路总工厂发电厂，在哈尔滨市道里区"三十六棚"建成发电。

是年　四川总督锡良于成都银元局内安装发电机，用蒸汽动力发电，专供总督府照明。

1906 年

11 月　由胡廷儒呈请创办的吉林宝华电灯公司，购买德国西门子 250 马力（约 186.5 千瓦）旧发电机 1 台，在吉林市新开门外建厂安装。1908 年正式发电。

1907 年

山西大学堂购置发电机 1 台，专供中、西两斋照明。

1908 年

6 月　"满铁"于 1907 年在奉天（今沈阳西塔）开工建设的 1 台 120 千瓦发电机，在奉天临时发电所建成发电。

是年　山西省商会会长刘笃敬创办太原电灯公司，安装 1 台 60 千瓦直流发电机，供城区部分商号照明。

1909 年

7 月　甘肃织呢局在兰州第二次开业，安装 1 台 6 千瓦直流发电机，供生产照明用电。

是年　新疆维吾尔商人玉山在宁远县城（今伊宁市）建

木沙巴也夫皮革厂，自备 1 台 75 千瓦蒸汽发电机组投产。

1910 年

9 月 南京金陵电灯厂在西华门建成 100 千瓦发电机组，向两江总督衙门送电。

1911 年

7 月 26 日 长春商埠电灯厂两台 100 千瓦机组安装竣工。

1912 年

5 月 中国大陆修建最早的第一座水电站——云南石龙坝水电站建成投产，安装两台 240 千瓦水轮发电机组，并机运行。

1913 年

1 月 山东烟台商人张润暄等集资创办生明电灯股份有限公司，在烟台西马路口安装两台英制 100 千瓦蒸汽发电机，1914 年 5 月正式发电。

1914 年

12 月 广西南宁军政界人士徐德斋、覃名芳等人集资创办广西南宁电灯公司，在南宁南国街旧左营家庙安装 65 马力（约 48 千瓦）煤气发电机两台，于次年 6 月供电。

1915 年

海南岛林居升等合资在海口市兴办琼郡启明电灯公司，安装英国制造的 20 马力（约 15 千瓦）柴油发电机。

1917 年

5 月 河北保定电灯股份有限公司成立，1921 年投产 175 千瓦发电机组 1 台。

1918 年

2 月 11 日　上海内地电灯公司与华商电灯公司合并，在车站路 564 号成立上海华商电气股份有限公司并发行股票。至 1926 年，发电设备总容量 1.6 万千瓦。

是年　位于乌鲁木齐水磨沟的新疆铜元局（后改为兵工厂），安装 1 台德国制造的 27.5 千瓦水轮发电机组，并投入运行。

1919 年

8 月　成立于 1905 年的京师华商电灯有限公司，在京西石景山广宁坟村筹建石景山发电分厂，于 1922 年 2 月开始发电。前门西城根发电厂改称前门发电总厂。

1924 年

2 月　江苏戚墅堰—常州和戚墅堰—无锡的 33 千伏输电线路建成投运。

1927 年

国民政府建都南京后，接管了江苏省立电灯厂，改名为南京市电灯厂，次年又改名为首都电厂，装机容量 1500 千瓦。

1928 年

经十三世达赖喇嘛土登嘉措批准，强纳巴·仁增多吉负责在拉萨市北郊兴建 125 马力（约 92 千瓦）的拉萨夺底水电站，供当时的造币（藏币）厂、拉萨少数贵族和寺院用电。

1929 年

8 月　中华全国民营电业联合会成立。

1930 年

4 月 29 日　浙江吴兴电气公司常务董事李彦士、工程师沈嗣芳赴德国柏林参加第二次世界动力大会，并代表中华全国民营电业联合会加入万国电业联合会。

1934 年

1 月　上海华商电气公司、闸北水电公司总经理陆伯鸿出任全国民营电业联合会经济委员会委员长。

10 月　中国电机工程师学会在上海市成立（1958 年改称中国电机工程学会）。

1938 年

2 月　北平华商电灯股份有限公司由北平市政府公用事业管理总局管理，改名为电气管理局，后又改为北平电业公司。

1940 年

4 月 17 日　国民政府资源委员会与青海省政府签订合建西宁电厂合约。次年 2 月 8 日，第一台 29 千瓦柴油发电机组开始发电，高原古城西宁第一次有了电灯。

是年　中共中央在延安利用汽车发动机发电，容量为 5 千瓦，供新华社广播电台用电。

1941 年

6 月　东北第一条 220 千伏的水丰—鞍山高压输电线路建成投运。

12 月 8 日　日军进入上海公共租界，对美商上海电力公司、沪西电力公司实行军事占领。

1942 年

2 月　丰满水电站 6.5 万千瓦 1 号水轮发电机开始安装，于 1943 年 3 月 25 日试运行成功并开始向吉林送电。同年 4 月松（丰满）京（新京）154 千伏、全长 115 千米送电线路建成。

2 月　八路军 129 师在冀晋豫边界的赤岸建水电站，自制木质冲击式水斗水车作原动机，装机 10 千瓦，供司令部和机要科通信用电。

1944 年

11 月 3 日　北平—天津—唐山 77 千伏输电线路投入运行。平（京）、津、唐电网初步形成。

12 月　220 千伏松抚线（丰满至抚顺）建成并投入运行，辽宁、吉林、黑龙江三省电网相联结，形成了全国第一个跨省高压电网——东北电网。

1945 年

9 月 17 日　上海市公用局随同国民政府经济部特派员接收华中水电公司，将闸北水电公司、上海华商电气公司、浦东电气公司、上海电力公司和沪西电力公司发还原主经营。

9 月 22 日　国民政府经济部派员接管华中水电公司杭州支店，其中电力企业部分归还原业主，复名为"杭州电气股份有限公司"。

1946 年

3 月 1 日　冀北电力有限公司成立，公司下辖北平、天津、唐山 3 个分公司。

1948 年

由晋察冀军民建设的河北平山县沕沕水水电站投产发电，装机 155 千瓦，主要为兵工厂和西柏坡党中央所在地提供电力。

1949 年

10 月 1 日 中华人民共和国成立。中央政府设立燃料工业部，管理全国煤炭、电力和石油工业。

截至 1949 年年底，全国年发电量为 43.10 亿千瓦时，发电设备总容量为 184.86 万千瓦，20 千伏以上线路为 6475 千米。

1950 年

2 月 19 日至 3 月 2 日 燃料工业部召开全国电业会议。

7 月 22 日至 8 月 9 日 燃料工业部召开全国水力发电工程会议。

1951 年

11 月 10 日 燃料工业部发布《对今后电业技术安全工作的指示》，要求积极进行反事故斗争。

1952 年

9 月 17 日 阜新电厂第一台 2.5 万千瓦机组投产发电。毛泽东主席 25 日给阜新电厂发了嘉勉电。

1953 年

1 月 "一五"计划确定电力工业计划装机 205 万千瓦，年发电量到 1957 年达到 159 亿千瓦时。

4 月 27 日 中国第一台 7.25 万千瓦水轮发电机组在吉林丰满电厂安装竣工。

1954 年

国务院决定成立长江三峡委员会，周恩来总理兼主任，李葆华、刘澜波为副主任。

1955 年

2 月 12 日至 13 日　燃料工业部和中国电业工会全委会联合召开评选劳模工作会议。9 月 19 日至 29 日，全国电业第一届劳动模范大会在北京召开。

7 月 30 日　第一届全国人大第二次会议决定，撤销燃料工业部，设立电力工业部和煤炭工业部、石油工业部。刘澜波任电力部部长。

1956 年

2 月 29 日　北京电管局根据电力部的指示成立列车电业局，负责统一管理全国列车电站及其他流动电站的设备、生产和基建工作。

7 月　中国第一座自行设计、自制设备、自行施工的大型水电站——浙江省新安江水力发电工程开始兴建，1960 年 4 月第一台机组开始发电，装机总容量为 66.25 万千瓦，1965 年全部竣工。周恩来总理热情题词：为我国第一座自己设计和自制设备的大型水力发电站的胜利建设而欢呼！

1957 年

3 月　电力工业部召开动力科学研究会议，提出大力发展电力系统、积极建设水力发电厂、发展高温高压及超高温高压大型火力发电设备等发展中国电力工业技术政策的 10 项建议。

1958 年

1 月　中共中央召开南宁会议，提出"水主火从"作为发展电力工业的长远建设方针。

2 月 11 日　第一届全国人大五次会议决定，电力部与水利部合并为水利电力部。同日，毛泽东主席发布命令，任命傅作义为水利电力部部长。

9 月　毛泽东主席在最高国务会议上提出要"有两个先行官，一个是铁路，一个是电力"的伟大号召。

1959 年

9 月 12 日　水电部正式颁布《电力工业技术管理法规》。

11 月 10 日　国产第一台 5 万千瓦机组在辽宁电厂投产发电。

1960 年

1 月 5 日　中国自行设计、制造的第一台中压凝汽式双水内冷 5 万千瓦汽轮发电机在上海闸北发电厂安装成功。

2 月　中国第一个跨越长江的武昌与汉阳之间的 220 千伏线路大跨越工程竣工。

1964 年

3 月 5 日　三门峡水电站第一台 15 万千瓦水轮发电机组并网发电，但由于蓄水含沙量太高，水库淤积，机组损坏，于同年 5 月 1 日停止运行。

1967 年

2 月 16 日　国产第一台 10 万千瓦火力发电机组在北京石景山高井电站投入试运行，并确定为国家试验项目。

1969 年

4 月 1 日　甘肃省刘家峡水电站第一台 22.5 万千瓦机组投产，这是中国第一台容量超过 20 万千瓦的发电机组。

11 月 14 日　国产第一台 12.5 万千瓦双水内冷汽轮发电机

组在上海吴泾热电厂正式投产发电。

1970 年

12 月　长江葛洲坝工程开工。由于一些重大技术问题需要进一步研究解决，因而葛洲坝工程开工半年后，被迫停工两年多，于 1974 年 10 月经国务院批准主体工程复工。

1972 年

6 月 16 日　中国自力更生建设的第一条 330 千伏超高压刘（家峡）天（水）关（中）输电线路建成投运。陕、甘、青三省实现联网。

12 月　国产第一台 20 万千瓦汽轮机组在辽宁朝阳电厂投产发电。

1974 年

11 月 25 日　国产第一台烧油 30 万千瓦发电机组在江苏望亭发电厂正式移交生产。

1975 年

7 月 25 日　经邓小平提议，中央政治局讨论通过，国务院发出 114 号文件《国务院关于加快发展电力工业的通知》（简称《通知》）。《通知》要求：抓紧完成 1975 年、1976 年装机任务；贯彻水、火电并举的方针和大、中、小并举的方针；严格计划用电，厉行节约用电。确保电网安全，提高供电质量；加强电网的统一管理。

1976 年

7 月 28 日　河北省唐山、丰南地区发生 7.8 级强烈地震，处于极震区的唐山电厂、陡河发电厂及输变电系统遭到严重破坏。唐山电力供应全停，京津唐电网解列为3片。

1978年

9月16日至28日　水电部和人民银行总行召开小水电工作会议。

1979年

2月15日　中央通知，决定撤销水利电力部，成立电力部和水利部。刘澜波任电力部部长、党组书记。1981年3月6日，第五届全国人大常委会第十七次会议任命李鹏为电力工业部部长，刘澜波主动退居二线。

3月29日　广东电网与香港九龙中华电力公司联网供电，第1期第1回路输变电工程建成并网运行成功。

1980年

5月　浙江省江厦双向潮汐电站第一台500千瓦机组发电，设计装机容量3000千瓦，这是中国当时最大的潮汐电站。

1981年

12月5日　全国第一座中央与地方集资兴建的山东省龙口电厂正式开工兴建，第一期工程为两台10万千瓦机组和两条220千伏线路输变电工程。

12月22日　我国第一条500千伏超高压输电线路——河南平顶山至湖北武昌输变电工程竣工。

1982年

3月8日　第五届全国人大常委会第二十二次会议通过了由水利部、电力部合并组建水利电力部。钱正英任水利电力部部长。

1983 年

6 月 1 日　浙江秦山核电站动工。这是中国第一座自行设计、制造、安装的压水堆核电站，装机容量为 30 万千瓦。

1984 年

5 月 7 日　水电部颁发《关于筹集电力建设资金的暂行规定》。

6 月 26 日　广东珠海至澳门 110 千伏线路投产，广东电网与澳门电网实现联网供电。

7 月 31 日　云南鲁布革水电站引水系统开工。鲁布革工程向世界银行贷款 1.454 亿美元，是新中国成立后第一个利用世界银行贷款，率先实行国际招标、项目管理等国际工程管理机制的工程。

1985 年

1 月 18 日　广东大亚湾核电站合营合同由广东核电投资有限公司和香港核电投资有限公司在北京签字。

12 月　中国单机最大的 60 万千瓦火力发电机组在内蒙古元宝山电厂建成投产。

1986 年

7 月　福建水口水电站国际招标开标。该电站是利用世界银行贷款兴建，是中国首次对大型水电站全部土建工程实行国际招标投标的项目。

1987 年

9 月 14 日　国家计委、经委和水利电力部联合召开加快电力发展与改革座谈会。李鹏副总理代表国务院提出"政企分开、省为实体、联合电网、统一调度、集资办电"20 字方针。

12 月 4 日 龙羊峡水电站第二台 32 万千瓦机组正式投入运行。至此，中国发电设备装机容量达到 1 亿千瓦以上，其中水电近 3000 万千瓦。

1988 年

4 月 9 日 第七届全国人大一次会议原则批准国务院机构改革方案，撤销煤炭部、石油部、核工业部、水电部，成立能源部。4 月 13 日任命黄毅诚为能源部部长。

8 月 北京石景山热电厂第一台 20 万千瓦供热机组投产，是当时中国最大的供热机组。

12 月 20 日 中国电力企业联合会（简称中电联）成立大会在北京召开。

1989 年

5 月 能源部派员参加由联合国环境署和世界气象组织联合建立的政府间气候变化专门委员会（简称 IPCC）的活动。这是中国能源部门参加国际环境保护活动的开始。

1990 年

6 月 全国有 109 个县（市）达到初级农村电气化标准，超额完成 1983 年 12 月国务院批准全国建设第一批 100 个农村电气化试点县计划。

1992 年

4 月 第七届全国人大第五次会议以 1767 票赞成、177 票反对、664 票弃权通过了关于兴建长江三峡工程的决议。

1993 年

3 月　第八届全国人大一次会议通过了国务院机构改革方案，决定撤销能源部，分别组建电力工业部和煤炭工业部，任命史大桢为电力工业部部长。

12 月　国务院证券委批复电力工业部，同意山东华能发电股份有限公司和华能国际电力股份有限公司于 1994 年到美国发行股票。1994 年 8 月和 10 月，两公司股票分别在美国纽约证券交易所挂牌上市，成为中国内地在美国纽约上市最早的企业。

1994 年

2 月　大亚湾核电厂 1 号机组投产。5 月 6 日，2 号机组投入商业运行，大亚湾核电厂两台 90 万千瓦机组全部建成投产。

12 月　长江三峡工程正式开工兴建。实际安装 32 台 70 万千瓦水轮发电机组和 2 台 5 万千瓦水轮发电机组，总装机容量 2250 万千瓦，年发电量超过 1000 亿千瓦时，是当今世界最大的水利水电工程。

1995 年

3 月　《中国电力百科全书》在北京举行首发式。该书分为综合、电工技术基础、电力系统等八大卷，是世界上第一部电力百科全书。

12 月 28 日　第八届全国人大常委会第十七次会议通过了《中华人民共和国电力法（草案）》。同日，国家主席江泽民签署第 60 号主席令，公布了《电力法》，自 1996 年 4 月 1 日起施行。

1996 年

4 月　国家"八五"重点能源环保科研项目，中国第一座

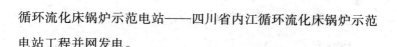

循环流化床锅炉示范电站——四川省内江循环流化床锅炉示范电站工程并网发电。

12月　国务院发文决定组建国家电力公司。该公司由国务院出资设立，采取国有独资的形式，是国务院界定的国有资产的出资者和国务院授权的投资主体及资产经营主体，是经营跨区送电的经济实体和统一管理国家电网的企业法人，按企业集团模式经营管理。公司资本为国家资本，注册资本为1600亿元。

1997年

1月　国家电力公司成立大会在北京人民大会堂举行，史大桢兼任国家电力公司总经理。

12月　内蒙古辉腾锡勒风电场装有风力发电机达42台，总容量2.52万千瓦，是中国当时最大的风力发电场。

1998年

7月　国务院决定，用三年时间进行农村电网改造，投入3700亿元资金用于城乡电网的建设和改造。

10月　国务院办公厅转发国家计委关于改造农村电网、改革农电管理体制、实现同网同价的通知，要求力争用三年时间，统一城乡用电价格，实现同网同价。

12月　国务院办公厅发出《转发国家经贸委关于深化电力工业体制改革有关问题意见的通知》（简称《通知》）。《通知》要求：推进厂网分开，引入竞争机制，建立规范有序的电力市场；坚持政企分开、省为实体的方针，深化省级电力公司的改革；加快实施全国联网，实现资源优化配置；加快农村电力体制改革，减轻农民负担，促进农村经济发展；规范国家电力公司向子公司收取资产收益的办法。

1999 年

9 月　广东沙角 B 电厂在深圳举行移交典礼。这是中国内地第一个成功移交的 BOT 项目。

11 月　深圳率先在全国实现城乡同网同价，每千瓦时居民生活用电电价为 0.78 元。

12 月　四川二滩水电站 6 台 55 万千瓦机组全部建成投产。该水电站工程向世界银行贷款 12 亿美元，于 1993 年 11 月截流，1998 年 8 月第一台机组建成投产。

2000 年

7 月　国家电力公司首次入选《财富》杂志 2000 年度全球企业 500 强，在 500 强中列 83 位，在入选的全球电力企业中列第 3 位。

11 月　全国瞩目的"西电东送"首批工程——贵州洪家渡水电站、引子渡等七项输电工程全面开工。朱镕基总理对此批示指出："西电东送工程的开工标志着西部地区大开发拉开序幕。"

2001 年

3 月　龙滩水电站 197.58 亿元银团贷款协议在京签署。该项目是中国第一个采用国内银团贷款融资的特大型基础设施建设项目，总装机容量 420 万千瓦。同年 7 月 1 日，龙滩水电站正式开工。

5 月　华北电网与东北电网联网启动调试工作全部顺利完成。华北与东北两大电网通过 500 千伏姜（家营）—绥

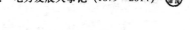

（中）线联网运行，这是中国第一次以交流方式实现跨大区电网互联。

2002 年

2 月 10 日 国务院印发《电力体制改革方案》（国发〔2002〕5 号文）。方案确定，将实施厂网分开、重组发电和电网企业；实行竞价上网，建立电力市场运行规则和政府监管体系；初步建立竞争、开放的区域电力市场，实行新的电价机制；制定发电排放的环境折价标准，形成激励清洁电源发展的新机制；开展发电企业向大用户直接供电的试点工作，改变电网企业独家购买电力的格局；继续推进农村电力管理体制的改革。

7 月 26 日 国家电力公司、中国电力企业联合会在上海举行集会，隆重纪念中国电力工业 120 周年。

12 月 29 日 在北京人民大会堂召开中国电力新组建（改组）公司成立大会。国家电网公司、南方电网公司、中国华能集团公司、中国大唐集团公司、中国华电集团公司、中国国电集团公司、中国电力投资集团公司、中国水电工程顾问集团公司、中国电力工程顾问集团公司、中国水利水电建设集团公司、中国葛洲坝集团公司正式宣布成立。

2003 年

3 月 20 日 国家电力监管委员会正式挂牌，作为新成立的国务院直属事业单位，开始履行电力监管职能。柴松岳出任电监会主席。

6 月 三峡工程如期实现蓄水、通航、发电三大目标。6

月 1 日，三峡水库下闸蓄水；6 月 16 日，三峡五级船闸通航；7 月 10 日，三峡水电站 2 号机组正式并网发电。

2004 年

6 月 30 日　温家宝总理主持国务院常务会议，讨论并原则通过《能源中长期发展规划纲要（2004～2020 年）》（草案），《纲要》提出要坚持把节约能源放在首位，坚持以煤炭为主体、电力为中心，油气和新能源全面发展的战略。

7 月 26 日　温家宝总理考察国家电力调度中心。当年全国 26 个省级电网拉闸限电，缺电成为经济生活的突出矛盾。

9 月 23 日　贵州至广东 ±500 千伏直流输电工程双极正式送电，标志着"十五"西电送广东新增 1000 万千瓦的目标提前 15 个月实现。

9 月 26 日　随着中电投黄河公伯峡水电站 2 号机组投产发电，中国水电装机容量超过 1 亿千瓦。

2005 年

2 月 2 日　《电力监管条例》经国务院第 80 次常务会议审议通过。温家宝总理于 2 月 15 日签发国务院第 432 号令，《电力监管条例》正式公布，自 2005 年 5 月 1 日起施行。

2 月 28 日　国家主席胡锦涛发布第 33 号主席令，第十届全国人大常委会第十四次会议通过《中华人民共和国可再生能源法》，自 2006 年 1 月 1 日起施行。

12 月 27 日　18 时 28 分，随着神华集团国华电力宁海电厂 2 号机组的建成投产，中国电力装机容量突破 5 亿千瓦。发电装机容量从 4 亿千瓦发展到 5 亿千瓦历时 19 个月。

2006 年

8 月 19 日　晋东南—南阳—荆门交流特高压试验示范工程在山西长治开工，中国首个百万伏级特高压交流试验示范工程正式启动。

11 月 28 日、12 月 4 日　浙江华能玉环电厂 1 号机组和山东华电国际邹县发电厂 7 号机组两台国产 100 万千瓦级超超临界机组相继投产，标志着中国电力工业技术装备水平和制造能力进入新的发展阶段。

12 月 19 日　云南至广东 ±800 千伏直流输电示范工程在云南楚雄开工，这是中国首个特高压直流输电示范工程。

2007 年

9 月 26 日　国电龙源吉林通榆国家特许权风电项目 L16 线 A083 号风电机组并网发电，龙源电力集团公司成为中国首家风电装机突破 100 万千瓦企业。

11 月 16 日　新疆 220 千伏电网实现联网，新疆 220 千伏电网成为世界上覆盖面积最广的区域性电网，标志着新疆电网进入大电网建设时代。

12 月 12 日　国家电网公司与菲律宾两家公司组成的联合体在菲方组织的菲律宾国家输电公司特许经营权拍卖会上竞标成功，获得菲律宾国家输电公司 25 年的特许经营权，这是中国电网企业首次获得境外国家级大型输电网络的特许经营权。

2008 年

3 月 8 日　受南方雨雪冰冻灾害严重破坏的国家电网和南方电网全面恢复正常运行。1 月中旬以来，罕见的雨雪冰冻天气，使电网遭到严重破坏。国家电网公司经营区域的 545 个县（区）、2706 万用户，南方电网经营区域内 99 个县、642 万户受到停电影响。

3 月 第十一届全国人大一次会议通过国务院机构改革方案。决定设立国家能源委员会，组建国家能源局。国家发改委副主任张国宝兼任国家能源局局长。8 月 8 日，国家能源局挂牌正式运行。

5 月 12 日 汶川大地震对电力设施造成严重破坏。四川省内 35 千伏及以上变电站停运 171 座，10 千伏及其以上线路停运 2769 条，累计造成 405.07 万用电客户停电。8 月 28 日，江油 220 千伏大康变电站竣工，标志着四川受损电力设施原地重建工作全面完成，即将转入规划重建阶段。

9 月 17 日 2008 北京奥运会和残奥会保电圆满成功。国家电网公司 16 万员工投入奥运保电工作，16 家网省公司调集 3000 多名骨干力量支援北京保电。

2009 年

2 月 3 日 全国能源大会在北京举行。这是自 1992 年能源部撤销后首次举行的全国性能源工作会议。国家能源局宣布，将加快核电、风电等新能源建设，今后三年关停小火电机组，建设大型高效清洁燃煤机组。

7 月 6 日 中国首座自主开发、设计、制造并建设的 IGCC（整体煤气化联合循环发电系统）示范工程项目——华能天津 IGCC 示范电站在临港工业区开工。

8 月 8 日 中国首座千万千瓦级风电基地——甘肃酒泉风电基地开工兴建。

2010 年

6 月 18 日　世界首个 ±800 千伏直流输电工程——云广特高压直流输电工程双极竣工投产，加快了中国西南地区乃至大湄公河次区域水电资源的开发利用。

8 月 26 日　中国水电 100 年纪念大会及中国第一座水电站揭牌仪式、石龙坝水电博物馆授牌仪式在云南昆明举行。华电集团公司石龙坝水电站被授予"中国第一座水电站"和"石龙坝水电博物馆"称号。

2011 年

4 月 28 日　国家电网公司 1000 千伏晋东南—南阳—荆门特高压交流试验示范工程在第二届中国工业大奖表彰会上获中国工业大奖。

7 月 15 日　中电投集团公司新疆乌苏热电厂 2 号机组并网投产，标志着全国发电装机容量突破 10 亿千瓦。

9 月 29 日　电网主辅分离改革取得重大进展，中国电力建设有限公司、中国能源建设有限公司挂牌成立。

12 月 9 日　世界上海拔最高、高寒地区建设规模最大的青藏联网输变电工程投入试运行，结束了西藏电网长期孤网运行的历史，标志着中国内地电网全面互联。

12 月 25 日　国家风光储输示范工程在河北省张北县建成投产，该工程由国家电网公司自主设计、建造，通过风光互补、储能调节、智能调度，实现了新能源发电的稳定、可控。

2012 年

1 月 1 日　由环境保护部与国家质量监督检验检疫总局联

合发布的被称为"世界最严火电环保标准"的《火电厂大气污染物排放标准》（GB13223 – 2011）开始实施，火电机组节能减排任务更加繁重，并正式进入"脱销时代"。

7月1日　居民阶梯电价在全国除西藏和新疆以外的29个省（区、市）正式试行。按照补偿成本与公平负担相结合、统一政策与因地制宜相结合的原则，城乡居民每月用电量按照满足基本用电需求、正常合理用电需求和较高生活质量用电需求划分为三档，电价实行分档递增。

8月28日　海南三沙供电局在西沙永兴岛成立。三沙供电局是中国最南端的地市级供电局。

12月31日　龙源电力西藏阿里微网光伏电站并网发电，为国内容量最大的光电存储系统，是世界上海拔最高的微网光伏项目。

2013 年

1月18日　"特高压交流输电关键技术、成套设备及工程应用"项目在国家科学技术奖励大会上获国家科学技术进步特等奖，这是电力工业在国家科技奖上获得的最高荣誉。

3月　国务院重新组建国家能源局，完善能源监督管理体制。将原国家能源局、国家电监会的职责整合，不再保留国家电力监管委员会。

4月14日　神华集团公司四川白马循环流化床示范电站60万千瓦超临界循环流化床示范机组成功投入商业运行。该机组为世界首创，由我国自主研发，具有完全自主知识产权，是我国电力装备技术的重大突破。

5月14日　国家主席习近平到中新天津生态城智能电网综合示范工程服务中心考察，提出生态城要在体现人与人、人与经济活动、人与环境和谐共存等方面做出有说服力的回答，为建设资源节约型、环境友好型社会提供示范。

2014年

4月18日　国务院总理李克强主持召开新一届国家能源委员会首次会议，研究讨论能源电力发展的相关战略问题和重大项目。提出加快电力体制改革步伐，推动供求双方直接交易，提供更加经济、优质的电力保障，让市场在电力资源配置中发挥决定性作用。

6月13日　国家主席、中央财经领导小组组长习近平主持召开中央财经领导小组第六次会议，研究我国能源安全战略。习近平提出推进能源革命的五大内涵：推动能源消费革命，抑制不合理能源消费；推动能源供给革命，建立多元供应体系；推动能源技术革命，带动产业升级；推动能源体制革命，打通能源发展快车道；全方位加强能源国际合作，实现开放条件下的能源安全。

8月22日　国家能源局、国家核安全局组织通过了具有我国自主知识产权的由中核集团和中广核集团合作自主研发的三代核电"华龙一号"总体技术方案评审，标志我国正式推出"华龙一号"自主三代核电品牌，中国核电走出去将从"借船出海"走向"造船出海"。国家发改委副主任、国家能源局局长吴新雄要求，作为中国核电走出去的重要品牌，"华龙一号"要全方位参与国际竞争。

7月1日　世界第三大水电站溪洛渡水电站所有机组全部投产。中国"十二五"2.9亿千瓦的水电装机目标提前超额完成。

10月　国家发改委下发《关于深圳市开展输配电价改革试点的通知》（简称《通知》），正式启动中国新一轮输配电价改革试点。《通知》指出，在深圳市开展输配电价改革试点，将现行电网企业依靠买电、卖电获取购销差价收入的盈利模式，改为对电网企业实行总收入监管。

截至2014年年底　中国发电装机容量13.6亿千瓦，历史性地达到了全国人均1千瓦。

后　记

　　由中国电力企业联合会（以下简称：中电联）编撰的《电力史话》，得以付印，可喜可贺。本书以有限的篇幅，记述中国电力135年的发展历程，确实不是一件轻松的事情。在编撰过程中，我们力求按电力发展的时间顺序，从浩繁的史实中选取有代表性的资料，兼顾思想性、知识性、价值性和可读性，生动准确地为读者展示了中国电力人和电力历史文化的精华、精彩和精神。

　　本书由中电联抽调10余名工作人员组成编委会，数易其稿完成撰写。本书由孙玉才、王志轩总体策划，潘荔组织实施，具体撰稿人如下：足迹、第一部分为冀瑞杰编写；第二部分为王永建编写；第三部分为周丽波编写；第四部分为王吉平编写；第五部分为庆蕾、刘亮、高明编写；第六部分为孔清华编写；第七部分及书中的科普小贴士为姜锐、季涛整理编校。孙玉才、王志轩、潘荔对全书进行统稿并加以审校。电力行业专家赵文图、张晓京、丁雁、陈富强等为本书编撰提供了宝贵意见和珍贵资料。

中国电力报社、国华电力北京电力科技展示馆等为本书提供了相关图片资料；社会科学文献出版社领导和编辑悉心指导，保证了本书的顺利出版，在此一并表示感谢。

本书在编撰过程中，参考了众多电力书籍及行业资料，有部分材料在引用过程中无法与原作者取得联系，在此对各位作者表示衷心感谢。

限于时间和作者水平，难免有不少不尽如人意之处，敬请读者海涵指正。

编　者

2015 年 5 月

史话编辑部

图书在版编目（CIP）数据

电力史话/中国电力企业联合会编著. —北京：社会科学
文献出版社，2015.7
（中国史话）
ISBN 978 - 7 - 5097 - 7596 - 7

Ⅰ.①电…　Ⅱ.①中…　Ⅲ.①电力工业 - 工业史 - 中国
Ⅳ.①F426.61

中国版本图书馆 CIP 数据核字（2015）第 123265 号

"十二五"国家重点图书出版规划项目

中国史话·经济系列

电力史话

编　　著/中国电力企业联合会

出 版 人/谢寿光
项目统筹/宋月华　谢　安　　责任编辑/王玉霞

出　　版/社会科学文献出版社·史话编辑部（010）59367143
　　　　　地址：北京市北三环中路甲29号院华龙大厦　邮编：100029
　　　　　网址：www. ssap. com. cn
发　　行/定制出版中心（010）59366509　59366469
　　　　　市场营销中心（010）59367081　59367090
　　　　　读者服务中心（010）59367028

印　　装/三河市尚艺印装有限公司
规　　格/开 本：889mm×1194mm　1/32
　　　　　印 张：7.5　字 数：161千字
版　　次/2015 年 7 月第 1 版　2015 年 7 月第 1 次印刷
书　　号/ISBN 978 - 7 - 5097 - 7596 - 7
定　　价/25.00 元